Positives Denken

Dr. Wolfgang Beier

Die Kraft der Gedanken

In 90 Tagen zu
mehr Lebensfreude durch

Positives Denken

FALKEN

Im FALKEN Verlag sind zahlreiche Titel und Videos zum Thema Naturmedizin und Entspannung erschienen. Bitte fragen Sie in Ihrer Buchhandlung.

Die Deutsche Bibliothek – CIP-Einheitsaufnahme

Beier, Wolfgang:
In 90 Tagen zu mehr Lebensfreude durch positives Denken : die Kraft der Gedanken / Wolfgang Beier. – Niedernhausen/Ts. : FALKEN, 1995
ISBN 3-8068-1578-X

ISBN 3 8068 1578 X

Umschlaggestaltung: Peter Udo Pinzer
Gestaltung: Horst Bachmann
Redaktion: Pedro Zimmermann, Zürich
Nachauflagenredaktion: Karin Schulze-Langendorff
Herstellung: Albert Brühl
Titelbild: Pictor International Bildagentur GmbH, München

Die Ratschläge in diesem Buch sind von dem Autor und vom Verlag sorgfältig erwogen und geprüft, dennoch kann eine Garantie nicht übernommen werden. Eine Haftung des Autors bzw. des Verlags und seiner Beauftragten für Personen-, Sach- und Vermögensschäden ist ausgeschlossen.

Satz: Raasch & Partner GmbH, Neu-Isenburg
Druck: Ludwig Auer GmbH, Donauwörth

817 2635 4453 6271

Inhalt

Einige Worte vorweg

Wir leben in einer stürmischen Übergangszeit, in der es für den Menschen immer schwieriger wird, sich in der äußeren Welt zurechtzufinden. Ständig wachsende Anforderungen in nahezu allen Lebensbereichen verlangen von jedem einzelnen den ganzen Einsatz und lassen ihn kaum einmal richtig zur Ruhe kommen.

Jede und jeder von uns spürt es immer deutlicher: In allen Bereichen des täglichen Lebens vollziehen sich immer schneller und wechselhafter Änderungen und Wandlungen, deren Ende noch lange nicht abzusehen ist. Was gestern noch endgültig erschien, kann sich heute schon verändert haben. Was heute noch als richtig gilt, kann sich morgen schon als Irrtum erweisen. Nichts ist von Dauer. Alles ist in Fluß.

In dieser Situation wird es für die Menschen immer komplizierter, sich rechtzeitig den neuen Gegebenheiten anzupassen. Schaffen sie es schließlich nicht mehr, die an sie gestellten Erwartungen zu erfüllen, droht ihnen die Gefahr, den Anschluß zu verpassen und ins Abseits zu geraten. Die Folge davon sind Erschöpfung, Mißerfolg und Resignation.

Hier aber nimmt eine negative Entwicklung ihren Lauf: Anhaltende Frustration führt zum Abbau des Selbstwertgefühls und damit zur Schwächung der Lebenskraft und früher oder später zu Krankheit. Die Krankheit wiederum verstärkt die Gefühle von Frustration, Unsicherheit und Minderwertigkeit. Langsam aber sicher schließt sich der fatale Kreis.

Wohl dem, der diese Entwicklung erkennt und rechtzeitig geeignete Gegenmaßnahmen ergreift. Doch Mißerfolg, Enttäuschung, Unsicherheit und Krankheit müssen uns nicht ein Leben lang wie ein Schatten begleiten. Jeder von uns hat die Möglichkeit, den alten Kreis zu verlassen und in einen neuen einzutreten. Jeder kann sein Leben jederzeit neu gestalten. Jeder kann *selbst* die Weichen stellen für mehr Erfolg, Gesundheit und Lebensfreude. Die entscheidende Voraussetzung dazu brauchen wir nicht einmal außerhalb zu suchen, sie ist *in* uns. Genauer gesagt: in unserem Kopf. Es ist die Art und Weise, in der wir dem Leben gegenübertreten. Es ist unsere innere Haltung, unsere **Einstellung**, die darüber entscheidet, wie unser Leben verläuft.

AUF DIE EINSTELLUNG KOMMT ES AN

Wir betrachten das Leben, die Dinge, ja alles Geschehen aus einer bestimmten **BLICKRICHTUNG**. Diese Blickrichtung hängt ab von der Wellenlänge, auf die wir unsere geistige Antenne ausgerichtet haben. Genauso, wie wir bei einem Radio durch Drehen an der Sendereinstellung entscheiden können, ob wir Unterhaltungsmusik oder ernste Musik hören wollen, haben wir auch im täglichen Leben die Wahl zu entscheiden, welches Programm wir empfangen wollen. Der Drehknopf befindet sich in diesem Fall allerdings in uns selbst.

Das folgende Bild kann dies eindrucksvoll verdeutlichen: *Zwei Gefängnisinsassen blickten durch die Gitterstäbe in die Ferne, der eine sah den Straßendreck, der andere sah die Sterne.*

Im Grunde genommen gibt es zwei Gruppen von Menschen: einerseits die „Tal-Menschen", die im Nebel der Niederungen dahindämmern und vor allem das sehen, was auf der Straße herumliegt. Andererseits jene „Höhen-Menschen", die sich aus innerem oder äußerem Antrieb aus der Region des ewigen Nebels zur Sonne emporarbeiten, Menschen also, die letztlich die Sterne sehen. Die erste Gruppe ist leider noch in der überwiegenden Mehrheit, es sind die **PESSIMISTEN**. Die zweite Gruppe ist eine kleine Minderheit, die **OPTIMISTEN**.

Unsere geistige Einstellung entscheidet darüber, *was* wir wahrnehmen und *wie* wir etwas wahrnehmen. Wir sind einer ständig anwachsenden Anzahl von Reizen, Eindrücken und Bildern ausgesetzt. Wie bei einem Fotoapparat können und müssen wir auswählen, was wir aus diesem enormen Angebot in uns aufnehmen wollen. Es liegt in unserer Macht, was wir sehen wollen. Diese Auswahl müssen wir täglich mehrmals treffen – beim Lesen der Zeitung, bei der Entscheidung für eine bestimmte Fernsehsendung, beim Auswählen unserer Freunde usw.

Noch wichtiger als das, was wir betrachten, ist jedoch die Art und Weise, wie das, was wir an Eindrücken aufnehmen, in uns wirkt, genauer gesagt: welche Gedanken wir uns dazu oder darüber machen. Ein wolkenverhangener, trüber Novembertag ist nun einmal ein wolkenverhangener, trüber Novembertag. Ob wir jedoch lustlos in der Zimmerecke sitzen oder ob wir zum Beispiel ein Buch zur Hand nehmen (oder vielleicht sogar ein solches schreiben) und es uns zu Hause gemütlich machen oder ob wir trotz des wolkenverhangenen Himmels einen Spaziergang unternehmen und womöglich dabei erkennen, welche Reize auch ein trüber Novembertag haben kann – all dies ist *unsere* Entscheidung, es ist Ausdruck unserer persönlichen Einstellung.

Wir haben alle eine „geistige Brille" auf, durch die wir unsere Umwelt betrachten. Diese geistige Brille verleiht allen Dingen, allen Menschen, allem Geschehen eine bestimmte Bedeutung. Sie ist unser **Filter-** und unser **Bewertungssystem.** Wie wir etwas durch diese Brille deuten, bewerten, interpretieren, hängt von unserer persönlichen Entwicklung, von unserer Erziehung ab, vor allem aber von unserem Selbstwertgefühl.

Das Wissen um die innere Brille ist nicht neu. Schon vor fast zweitausend Jahren kam der griechische Philosoph *Epiktet* (etwa 50–130 n. Chr.) aufgrund seiner Lebenserfahrung zu der Erkenntnis, daß es wichtig ist, unterscheiden zu lernen, was in *unserer* Macht steht und was nicht. Nicht die Dinge selbst, so lehrte er, sondern unsere **Vorstellungen** über die Dinge entscheiden, ob wir unglücklich oder glücklich werden.

Das ist eine fundamentale Erkenntnis: Nicht was uns widerfährt, nicht das Ereignis, der Mensch, die Situation selbst, sondern wie wir darüber denken, ist entscheidend dafür, wie wir uns fühlen. Nicht der trübe Novembertag macht uns unglücklich, wir selber machen dies mit unseren Gedanken.

In dieser Erkenntnis liegt eine große Chance:

Äussere Dinge haben letztlich keine Macht über uns, wenn wir dies nicht zulassen

- Wir müssen nicht verzweifeln, wenn wir eine Prüfung oder eine andere Herausforderung nicht bestanden haben.
- Wir müssen uns nicht ärgern, wenn unser Fahrrad einen Platten hat.
- Wir müssen nicht alle Hoffnung aufgeben, wenn eine Untersuchung ergeben hat, daß wir „unheilbar" erkrankt sind.

Immer steht es in unserer Macht, wie wir der Herausforderung begegnen. Bewahren wir uns eine **positive innere Haltung,** haben wir im Grunde genommen schon gewonnen.

Auch wenn wir unser Haus verkaufen müssen, weil Schulden uns drücken, muß das noch lange nicht das Ende der Welt bedeuten. Wir können uns wieder aufraffen und – wer weiß – in drei oder fünf Jahren ein neues, vielleicht viel schöneres Haus kaufen. Wichtig ist allein, daß die Gedanken mit uns nicht (negativ) durchgehen. Wir müssen die Zügel fest in der Hand halten und Sorge dafür tragen, daß die Gedankenrichtung trotz allem positiv bleibt.

Die innere Einstellung hat also eine Menge mit Gedanken zu tun. Schauen wir uns daher zunächst an, was es mit den Gedanken auf sich hat.

Die Macht der Gedanken

Den folgenden Satz prägte vor über 2500 Jahren *Gautama Buddha*, der als Begründer einer der größten Weltreligionen gilt: *Herrschaft über die Gedanken gibt Macht über Leib und Leben.* Das Gesagte gilt in der heutigen Zeit mehr denn je.

Was aber sind eigentlich Gedanken? Man kann sie weder sehen noch schmecken, weder „beweisen" noch messen. Dennoch wissen wir, daß es sie gibt und daß sie etwas bewirken. Wir haben alle schon mehr als einmal die Wirkung der Gedanken hautnah zu spüren bekommen.

Denken Sie nur einmal an Ihr Lieblingsessen: Schmecken Sie die Speisen auf Ihrer Zunge, nehmen Sie den Duft tief in sich auf. Allein die Vorstellung wird physiologische Veränderungen in Ihnen bewirken.

Denken Sie an Ihren letzten Urlaub: Die Erinnerung daran wird Reaktionen in Ihnen hervorrufen. War der Urlaub schön, werden sie angenehm sein. War es kein schöner Urlaub (schlechtes Quartier, schlechtes Wetter, andauernd Streit), stellen sich andere Reaktionen ein. In jedem Fall werden Sie auf das Stichwort „Urlaub" reagieren.

Stellen Sie sich vor, Sie erfahren von einem beachtlichen Lottogewinn. Was meinen Sie: Werden Sie körperlich und gefühlsmäßig darauf reagieren?

Stellen Sie sich vor: Ihre 14jährige Tochter ist zum ersten Mal abends ausgegangen, und sie ist nicht – wie abgesprochen – um zehn Uhr zurück. Es ist bereits Viertel nach elf Uhr. Was glauben Sie: Wie lange noch werden Sie cool und gelassen bleiben? Anhand der einsetzenden Reaktionen spüren Sie, daß Sie einen Körper und Gefühle haben. Denn: Nun setzt eine Gedankenkette ein. Selbst wenn Sie zu Bett gehen, werden Sie kaum einschlafen können. Die negativen Gedanken haben Ihren Körper fest im Griff.

Es kann keinen Zweifel geben: Gedanken sind wirksam. Gedanken bewirken „etwas". Jeder Gedanke, den wir denken, ist mit körperlichen Reaktionen verknüpft. Die erste Reaktion, die wir spüren, ist ein **Gefühl**.

Halten wir fest:

◆ Gedanken erzeugen Gefühle ◆

Doch die Kette geht weiter: Gefühle haben eine bestimmte körperliche Reaktion zur Folge. Und die körperlichen Reaktionen wiederum führen meist zu ganz konkreten Handlungen. So können wir die folgende Gleichung aufstellen:

◆ GEDANKE ➡ GEFÜHL ➡ KÖRPERLICHE REAKTION ➡ HANDLUNG ◆

Was geschieht also, wenn zum Beispiel eine Mutter am Samstagabend auf ihre Tochter wartet und die Zeit längst überschritten ist?

1. GEDANKE:
Was ist, wenn dem Kind etwas zugestoßen ist?
⬇
2. GEFÜHL:
Unbehagen, Angst
⬇
3. KÖRPERLICHE REAKTION:
Druck in der Magengegend, erhöhter Puls, Schwitzen
⬇
4. HANDLUNG:
Entgegenfahren, nach ihr suchen, Freundinnen oder Polizei anrufen

Wie wir an dieser Reaktionskette sehen, ist der Gedanke an sich noch ohne jede Wirkung. Bliebe es nur beim „reinen" Gedanken, würde weiter nichts passieren. Doch wir können einen Gedanken nicht denken, ohne uns zugleich ein Bild von dem Gedachten zu machen. Wir stellen uns unter dem Gedanken etwas vor. So erzeugt zum Beispiel das Wort (der Gedanke) „Haus" sofort das Bild eines Hauses vor unserem inneren Auge. Denken wir an das Wort „Hund", sehen wir innerlich einen Hund vor uns. Ebenso verhält es sich mit sämtlichen anderen Begriffen wie Geld, Arbeit, Krankheit. Selbst wenn wir lediglich an einen Buchstaben, zum Beispiel A, denken, machen wir uns das Bild von einem A. Wie das A vor uns erscheint, ob groß oder klein, ob fett gedruckt oder bunt gemalt, ist von Mensch zu Mensch verschieden.
Halten wir fest:

◆ GEDANKEN ERZEUGEN BILDER ◆

Diese Bilder stellen wir uns mehr oder weniger lebhaft vor. Und erst diese Vorstellungen sind es, die dann das entsprechende Gefühl verursachen. Erst wenn ich mir vorstelle, was ich mit dem Lottogewinn alles anfangen kann, wird die Kette von Gedanken bis zur Handlung in Bewegung gesetzt.

Diese Zusammenhänge sind für unser weiteres Leben von überragender Bedeutung. Deshalb werden wir uns jetzt näher damit beschäftigen.

Das Geheimnis der gelenkten Vorstellungskraft

Blicken Sie sich einmal kurz um. Wenn Sie sich in einem möblierten Raum befinden, sagen Ihnen Ihre Augen, daß Sie von verschiedenen Gegenständen umgeben sind. Soweit es die Wahrnehmung mit Ihren Augen betrifft, stimmt dies zwar, doch in Wirklichkeit betrachten Sie **Gedanken** oder **Ideen**, die sich durch schöpferische Tätigkeiten von Menschen verwirklicht (materialisiert) haben. Es war zunächst ein Gedanke, der das Möbelstück schuf, dem Fenster seine Form gab und die Tapeten und Vorhänge entwarf.

Autos, Hochhäuser, Flugzeuge, Fabriken, die Nähmaschine oder auch nur die Nähnadel – wo haben diese Dinge ihren Ursprung?

Die Antwort ist klar: Der Ausgangspunkt war ein Gedanke.

Alle menschlichen Errungenschaften und alles, was der Mensch an Besitztümern geschaffen hat, sind das Ergebnis schöpferischen Denkens.

Der Gedanke ist der Vater oder die Mutter aller Dinge

Bevor ein Architekt die Bauzeichnung zu Papier bringen kann, muß das Haus als Vorstellung vorhanden gewesen sein.

Bevor ein Komponist ein Lied komponieren kann, muß die Melodie in seinem Kopf existiert haben.

Das vom Menschen Geschaffene auf dieser Welt ist ein Produkt seiner Gedanken. Alles Äußere spiegelt lediglich das Innere wider.

Denken ist ein schöpferischer Vorgang. Niemand kann sagen, was Elektrizität ihrem Wesen nach ist. Man vermag sie nicht zu sehen; aber wir haben gelernt, sie nutzbringend anzuwenden, und ihre Wirkung läßt sich jederzeit feststellen und bestimmen.

Genauso verhält es sich mit Gedanken: Niemand weiß, wie ein Gedanke beschaffen ist – obwohl natürlich biochemische Prozesse nachweisbar sind –, aber man kann lernen, seine Kraft positiv umzusetzen, und man vermag seine Wirkung festzustellen und vorauszubestimmen.

Denken heisst verwirklichen

Unsere gesamte Umwelt ist aus dem Stoff unserer Gedanken gewoben. Nicht der Tisch war zuerst da, sondern der Gedanke „Tisch". Die unsichtbare Innen-Wirklichkeit wurde zur sichtbaren Sinnen-Wirklichkeit. Vom gedanklichen **Zustand** zum materiellen **Gegenstand.**

Gedanken sind tatsächlich Kräfte, unsichtbare geistige Energien.

Wir sind es gewohnt, die sichtbare Außenwelt als einzige Wirklichkeit anzusehen. Doch die Wirklichkeit beginnt bereits in der Innenwelt, als Existenz unserer Gedanken.

Wird ein Gedanke über längere Zeit als Bild in unserer Vorstellung festgehalten, so wird ein Verwirklichungsprozeß in Gang gesetzt. Das bildhafte Denken ist uralt. Lange Zeit bevor die erste *sprachliche (verbale)* Verständigung aufkam, stand die *bildhafte (visuelle)* Vorstellung im Vordergrund.

Versuchen Sie einmal, einem anderen Menschen einen beliebigen Gegenstand zu beschreiben. Das erfordert unter Umständen viele Worte. Durch das Zeigen eines Bildes hingegen haben Sie Ihr Ziel meist in wenigen Augenblicken erreicht. Das menschliche Bewußtsein ist nämlich in erster Linie auf die visuelle Wahrnehmung hin angelegt. Nicht ohne Grund heißt es: Ein Bild sagt mehr als tausend Worte. Es ist auch kein Zufall, daß das Fernsehen so weit verbreitet ist. Immer wieder geht es um Bilder.

Wenn uns ein Begriff oder ein Zusammenhang nicht klar ist, sagen wir: „Davon kann ich mir kein Bild *machen.*" Auch der Satz: „Das kann ich mir nicht *vorstellen*", drückt aus, daß es letztlich immer wieder ums Sehen von inneren Bildern, ums bildhafte Vor-Stellen geht. Und auch wenn wir sagen: „Das habe ich mit eigenen Augen *gesehen*" oder „Ich glaube nur das, was ich selbst gesehen habe", zeigt dies, welch großen Wert wir dem Visuellen, dem Sehen, der bildhaften Erfahrung beimessen.

**Was wir sehen, ist für uns vorhanden.
Was wir nicht sehen und uns nicht vorstellen können, das existiert für uns überhaupt nicht**

Das gesehene (erlebte) äußere Bild übt auf uns eine starke Wirkung aus. Die Werbung weiß das und nutzt diese Zusammenhänge in gekonnter Weise und nicht unbedingt zum Vorteil des „Umworbenen" für ihre Zwecke aus.

Aber auch das *innerlich* gesehene bzw. gedachte Bild, der bildhaft vorgestellte Gedanke, hat einen machtvollen Einfluß. Und um diese Macht der inneren Bilder geht es jetzt ganz konkret.

Wenn wir uns einen Gedanken bildhaft ausmalen und dieses Vorstellungsbild immer wieder vor unserem inneren Auge betrachten, so setzt ein schöpferischer

Prozeß ein: Der Gedanke (das Bild) bekommt eine Eigendynamik und versucht, in der äußeren Welt Form und Gestalt anzunehmen. Anders gesagt: Jedes Bild oder bildhafte Geschehen, das wir uns lange genug vorstellen, hat das Bestreben, sich zu verwirklichen.

Diesen bewußt gelenkten Vorgang nennt man **Imagination** (von lateinisch imaginatio = EinBILDung, Vorstellung) oder **Visualisierung** (von lateinisch videre = sehen, schauen). Beide Begriffe werden gleichbedeutend gebraucht. Wir werden von nun an beide Begriffe verwenden, wobei wir immer dann, wenn es um den Vorgang als solchen geht, von **Imagination** sprechen, dann jedoch, wenn das Tun, also das Vorstellen selbst gemeint ist, das Wort **Visualisieren** gebrauchen. So kommen beide im Sprachgebrauch üblichen Begriffe zu ihrem Recht.

Wie geht man vor?

Zunächst einmal müssen wir uns klarmachen: Imagination bedeutet nicht, sich *einmal* ein bestimmtes Bild (Haus, Auto, Geld, Partner) vorzustellen, und schon liegt einem das Ausgewählte als handfeste Wirklichkeit zu Füßen.

Imagination ist kein Zaubertrick, sondern ein Wachstumsprozess

Genauso wie ein Apfel von der Blüte bis zur reifen Frucht eine Entwicklung durchmacht, die Zeit benötigt, braucht auch das bildhafte, schöpferische Vorstellen Zeit. Imagination „funktioniert" nicht über Nacht.

Genauso wie der Apfelbaum Wasser, Sonne und die entsprechenden Nährstoffe aus dem Boden benötigt, um Früchte hervorbringen zu können, müssen auch für eine Imagination bestimmte Voraussetzungen erfüllt sein. Nur wenn diese Voraussetzungen vor-BILD-lich sind, kann die Imagination gelingen, dann sogar manchmal in sehr kurzer Zeit.

Beim Bau eines Hauses muß eine bestimmte Reihenfolge eingehalten werden. Erst kommt das Fundament, dann der Keller, die Zwischenböden, die Wände und schließlich das Dach. Auch bei der Imagination muß man eine bestimmte **Reihenfolge** einhalten. Es sind Schritte, die aufeinander aufbauen und von denen keiner ausgelassen werden darf. Haben wir die logische Aufeinanderfolge der einzelnen Schritte erst einmal gedanklich erfaßt, werden sie uns bald schon in Fleisch und Blut übergehen. Dann können wir gar nicht mehr anders als *richtig* zu visualisieren. Von da an geht alles leichter und besser …

DIE 4 SCHRITTE FÜR EINE ERFOLGREICHE IMAGINATION:

SCHRITT 1: Machen Sie sich klar, was Sie wirklich wollen. Entscheiden Sie sich für *eine* Sache. Man kann nicht zwei Hasen zugleich jagen. Wenn Sie mehrere Ziele gleichzeitig in Angriff nehmen, „zersplittern" Ihre Kräfte. Sie erliegen womöglich der Gefahr, sich zu verzetteln. Der Aufwand ist dann groß, die Resultate sind gering. Überlegen Sie sich also: Was soll visualisiert werden?

SCHRITT 2: Setzen oder legen Sie sich bequem hin, und bringen Sie sich in einen entspannten Zustand. Nicht nur der Körper muß sich lockern, auch Gedanken und Gefühle müssen zur Ruhe kommen. In einem aufgewühlten Gemütszustand kann man nicht visualisieren. Zu Beginn der Imagination sollte unsere Geist-Seele-Einheit der Wasseroberfläche eines ruhigen Sees gleichen. Ärger, Sorge und Neid sind Gift für jegliche Imagination. Innere Anspannung ist mit einer erfolgreichen Imagination nicht zu vereinbaren.

SCHRITT 3: Schalten Sie jetzt Ihren inneren Bildschirm ein. Stellen Sie sich vor, Ihr Wunsch sei bereits verwirklicht. Sehen Sie den Endzustand, die gewünschte *End*situation lebendig vor sich. Das Wichtigste: Sehen Sie nicht nur, sondern setzen Sie auch die anderen Sinne ein. Fühlen Sie, wie es ist, bereits am Ziel zu sein. Auf das Gefühl kommt es ganz wesentlich an.

SCHRITT 4: Entwickeln Sie Dankbarkeit und Freude, daß Ihr Wunsch in Erfüllung gegangen ist. Bedenken Sie: Nichts ist selbstverständlich. Wenn es Ihnen gelingt, Ihr Ziel mit allen Fasern als Endzustand innerlich zu *erleben*, ist das ein Grund zur Freude und zur Dankbarkeit. Ohne Dankbarkeit versiegt die Quelle der Imagination schneller, als man denkt.

DIE IMAGINATIONSSCHRITTE IM EINZELNEN

Schauen wir uns nach dieser Kurzübersicht die einzelnen Schritte, die wichtig für eine erfolgreiche Imagination sind, noch einmal etwas gründlicher an. Jeder der vier folgenden Schritte wird übersichtlich dargestellt und anhand von ergänzendem Hintergrundwissen sowie einer klar gegliederten Vorgehensweise auch dem „Anfänger" verständlich gemacht. Vor allem die in der Praxis erprobten Anleitungen zur Muskelentspannung sowie die Übungen zur Entwicklung der Wahrnehmungsfähigkeit werden gerade dem Neuling eine echte Hilfe sein.

ZU SCHRITT 1: DAS ZIEL FESTLEGEN

Sie wollen mit Hilfe der Imagination etwas verändern, etwas erreichen. Was soll anders werden, was soll am Ende an **RESULTATEN** vorliegen? Ist der Wunsch, den Sie ausgewählt haben, wirklich *Ihr* Wunsch? Wollen Sie das wirklich? Kommt der Wunsch mit anderen Wünschen möglicherweise in Konflikt? Wer Wert auf viel Zeit zum Surfen legt, sollte nicht gerade eine Karriere als Spitzenpolitiker oder -manager anstreben. Fragen Sie sich: Bin ich bereit, die mit meinem erfüllten Wunsch einhergehenden Verpflichtungen ebenfalls zu übernehmen?
Schadet Ihr Wunsch jemandem? Geht die Erfüllung Ihres Wunsches zu Lasten anderer Menschen? Anders gefragt: Ist Ihr Wunsch ethisch verantwortbar? Wenn Sie mit Ihrem Wunsch anderen Schaden zufügen, setzen Sie Ihre eigene Zeitbombe in Betrieb. Die besten und edelsten Wünsche sind die, durch deren Erfüllung Sie der Menschheit in irgendeiner Weise einen Dienst erweisen.
Formulieren Sie Ihren Wunsch kurz und knapp, klar und präzise. Ihr Unterbewußtsein braucht ein-deutige Botschaften. Der Wunsch „Auto" wäre zu allgemein. Was für ein Modell? Ein Fiesta oder ein Ferrari? Auch der Wunsch „Erfolg" ist zu schwammig. Erfolg wobei, worin? Klarer wäre: „Ich möchte in spätestens vier Jahren Prokurist in meiner Firma sein." Gerade die zeitliche Festlegung drückt Klarheit, Bestimmtheit aus. Es bringt nichts, ständig (s)ein Haus zu visualisieren und dann mit siebzig, wenn man es nicht mehr braucht, vielleicht eines zu erben. Bestimmen *Sie,* wann spätestens Sie im eigenen Haus wohnen wollen.
Drücken Sie Ihren Wunsch positiv aus. Visualisieren Sie also nicht, daß Sie wie bisher rot anlaufen, wenn Sie zum Chef gerufen werden, sondern visualisieren Sie, wie Sie sicher und selbstbewußt Ihrem Chef gegenübertreten.
Merken wir uns:

KLARE ZIELE BRINGEN KLARE ERGEBNISSE. ZIELKLARHEIT IST DAS A UND O DER ERFOLGREICHEN IMAGINATION

ZU SCHRITT 2: SICH ENTSPANNEN

Sorgen Sie dafür, daß Sie während der Imagination *ungestört* sind. Äußere Ruhe erleichtert vor allem in der Anfangszeit das Ganze.Ein Imaginationsprofi kann auch auf einem Hauptbahnhof visualisieren ... Die **GESAMTZEIT** sollte etwa 15 bis 20 Minuten betragen. Mit zunehmender Übung kann die Imagination auf 5 bis 10 Minuten verkürzt werden.

Die heutigen Menschen haben die Fähigkeit zur Entspannung nahezu verloren. Ein Blick auf die vorbeieilenden Passanten einer x-beliebigen Straßenkreuzung macht deutlich, wie sehr wir alle durchs Leben hetzen. Hetze scheint der Preis für unseren „Wohlstand" zu sein. Rastlosigkeit ist fürs Visualisieren genauso „tödlich" wie eine Reißzwecke für einen aufgeblasenen Luftballon.
Wie gelingt es uns, wenigstens für einige Minuten zur Ruhe zu kommen?
Es gibt eine große Anzahl von **ENTSPANNUNGSMETHODEN** (Techniken). Wir greifen uns drei heraus, die wir jederzeit, überall und ohne großen Aufwand durchführen können:

1. MUSKELANSPANNUNG UND -ENTSPANNUNG
Indem wir abwechselnd alle wichtigen Muskelgruppen anspannen und wieder entspannen, werden wir uns der überflüssigen Spannungen bewußt. Erst Spannungen, die uns bewußt geworden sind, können wir lösen. Wir verstärken also zunächst die Spannung, um sie dann zu beseitigen. Dabei halten wir eine bestimmte Reihenfolge ein, die wir uns mit folgendem Merksatz gut einprägen können: **A**ch, ein **s**chönes **G**efühl – **R**uhig, **K**lar und **B**eschützt. Die fettgedruckten Buchstaben stehen für eine der sechs Stufen der Entspannung:

A = Arme und Hände
S = Schultern und Nacken
G = Gesicht (Stirn, Kiefer, Zunge, Augenbrauen)
R = Rumpf (Brust und Bauch)
K = Knöchel, Beine und Gesäß
B = Bilder, die den Geist beruhigen

Und so gehen Sie vor: Setzen oder legen Sie sich hin. Atmen Sie tief ein. Halten Sie Ihren Atem an. Spannen Sie jetzt Arme und Hände an. Machen Sie die Hände zur Faust. Halten Sie die Spannung und den Atem für etwa fünf Sekunden. Lösen Sie dann schlagartig die Spannung, atmen Sie dabei hörbar aus. Wiederholen Sie das Ganze noch einmal.
Also: Einatmen – Anspannen – Halten – Loslassen.
Gehen Sie dann zu Schultern und Nacken über. Schultern anspannen (= hochziehen), Kopf in den Nacken, Atem anhalten, dann loslassen.
Dann Stirn hochziehen, Augen zusammenkneifen, Grimasse machen ...
Dann Brust und Bauch fest einziehen ...
Schließlich: Beinmuskulatur anspannen, Gesäß zusammenziehen ... und lösen.
Alles jeweils einmal wiederholen.
Diese Muskelan- und Entspannung ist, obwohl sie einfach aussieht, sehr wirksam.

Zum Schluß (Stufe B) stellen Sie sich folgende Szene (oder auch eine selbsterdachte) bildhaft vor: Sie liegen an einem friedlichen, sonnigen Meeresstrand. Es ist angenehm warm, und Sie fühlen sich sicher. Sie genießen die Reinheit und Schönheit der Natur. Der Wind streicht sanft über Ihr Gesicht. Blauer Himmel, weicher Sand. Kleine Wellen rollen leise plätschernd an den Strand, das Meer leuchtet türkisgrün ...
Stellen Sie sich diese wunderbare Naturszene lebhaft vor. Hören Sie das Rauschen der Palmen auf der Südseeinsel oder das gleichmäßige Geschrei der Möwen auf Baltrum ...
Wenn Sie sich im Einklang mit sich und der Welt befinden, sind Sie frei – vollkommen frei ...
Nach einigem Üben läßt sich der Ablauf weiter verkürzen (nur noch einmal je Gruppe anspannen, kurzes Entspannungsbild), so daß eine Minute ausreicht, um die für die eigentliche Imagination nötige Entspannung zu erreichen.

2. Atem-Wort-Entspannung

Gewöhnlich schenken wir den einzelnen Atemphasen keine Beachtung. Bei der Atem-Wort-Entspannung werden die Ein- und Ausatemphase mit je einem Wort aufgeladen, und zwar beim Einatmen mit unserem Vornamen (ein Wort, das uns sehr vertraut ist) und beim Ausatmen mit dem Wort *Ruhe*.
Beispiel:

Einatmen	–	**HARTMUT**
Ausatmen	–	**RUHE**
Einatmen	–	**HARTMUT**
Ausatmen	–	**RUHE**
usw.		

Lassen Sie beim Einatmen Ihren Vornamen mit dem Atemstrom verschmelzen, der Ein-Atem und Ihr Vorname werden eins. Das gleiche geschieht mit dem Wort *Ruhe* und dem Aus-Atem. Lassen Sie Ein- und Aus-Atmung nahtlos ineinander übergehen. Machen Sie nach dem Ausatmen jeweils eine kurze Pause, bevor Sie einen neuen Atemzyklus beginnen. Atmen Sie 2 bis 3 Minuten in dieser Weise. Bleiben Sie mit Ihrer Aufmerksamkeit zwanglos bei Wort und Atem. Wenn die Gedanken abschweifen, kehren Sie sanft wieder zum Atem zurück.
Diese Atem-Wort-Entspannung ist sehr wirksam. Lassen Sie sich von ihrer Wirkung überraschen. Nach einigem Üben kann sie sogar mit geöffneten Augen durchgeführt werden (am Schreibtisch als Kurzentspannung). Wer mag, kann das Wort *Ruhe* auch durch *ruhig* ersetzen. Probieren Sie aus, welches Wort Ihnen am meisten zusagt.

3. FARB-ENTSPANNUNG

Es ist längst erwiesen, daß Farben eine entspannende Wirkung auf unsere Gehirnwellen und damit auch auf unseren Körper haben (die sogenannten Mind-Maschinen machen sich diesen Effekt zunutze). Wir alle kennen die wohltuende Wirkung eines blauen Himmels, einer günen Wiese oder eines weißen Strandes. Diese **FARBWIRKUNG** wollen wir uns gezielt nutzbar machen.
Schließen Sie die Augen, und stellen Sie sich der Reihe nach die aufgeführten Farben vor. Lassen sie die jeweilige Farbe ein paar Sekunden auf sich einwirken, bis Sie sie deutlich wahrnehmen. Es kann hilfreich sein, wenn Sie sich gedanklich in einen Raum versetzen, dessen Wände (Decke, Boden) ganz in der betreffenden Farbe gestrichen sind.
Hier nun die Reihenfolge der Farben:

- **ROT**
- **ORANGE**
- **GELB**
- **GRÜN**
- **HELLBLAU**
- **DUNKELBLAU**
- **VIOLETT**

Sie haben gemerkt, daß es sich um die Regenbogenfarben (Spektralfarben) handelt, jene Farben, aus denen sich unser normales Sonnenlicht zusammensetzt.
Mit jeder Farbe wird die Frequenz der Gehirnströme langsam herabgesetzt, so daß mit der Farbe Violett der sogenannte Alpha-Zustand auftritt. In diesem Zustand ist der Mensch besonders aufnahmebereit für Bilder, Gedanken und Botschaften. Nachweisbar ist dieser Alpha-Zustand anhand der meßbaren und für ihn typischen Gehirnwellen, die zwischen 8 und 14 Hertz liegen.

Welchen Weg zur Entspannung Sie auch wählen, jeder der drei vorgestellten Entspannungsmethoden ist geeignet, um auf die eigentliche Imagination (Schritt 3) vorzubereiten.
Bevor wir jedoch mit dem Visualisieren beginnen, bringen Sie noch Ihre Gefühle in Ordnung. Stellen Sie Sorgen, Ärger und Groll für eine Weile zurück. Sie können sich ja anschließend (wenn Sie dann noch wollen oder können) weiterärgern. Vergeben Sie gleich jetzt allen Menschen, die Ihnen Unrecht angetan haben. Erteilen Sie ihnen eine Generalabsolution. Mit Wut im Bauch kann man nichts erschaffen. Und dies wollen wir ja beim Visualisieren: etwas Neues, Konstruktives erschaffen.

ZU SCHRITT 3: DEN INNEREN BILDSCHIRM EINSCHALTEN

Dieser Schritt ist das Herzstück der gesamten Imagination. Jetzt geht es darum, unseren Wunsch als *bereits verwirklichten Endzustand* bildhaft entstehen zu lassen. Stellen Sie sich dazu eine Art geistigen Bildschirm vor, der sich direkt hinter Ihrer Stirn befindet (wem eine Filmleinwand lieber ist, der kann auch damit arbeiten). Auf diesem Bildschirm sollen nun jedoch nicht nur einzelne Bilder erscheinen, sondern wir wollen diese zu einem lebendigen Film zusammenfügen. Auf das Lebendige kommt es an.

Wenn vor Beginn der eigentlichen Imagination unser Gemüt ruhig werden soll, wie die Wasseroberfläche eines Sees, so ist jetzt der Augenblick gekommen, eine Brise aufkommen zu lassen, die immer lebhafter werden darf. Jetzt dürfen Wellen entstehen. Das heißt, jetzt müssen wir Gefühl und Anteilnahme in das bildhafte Geschehen hineinbringen. Wir müssen uns der Szene völlig hingeben. Dazu ist es eben nicht mehr ausreichend, nur zu *sehen*, sondern wir sind gezwungen, auch all die anderen Sinne dazuzuschalten. Wir müssen sehen, hören, riechen, schmecken und berühren. Es genügt nicht, die Szene oder den Film nur zu betrachten, Sie müssen selbst hineingehen und aktiv am Geschehen teilnehmen.

Stellen Sie sich vor, Sie spielen mit in diesem Film. Sie sind Akteur. Sie sind Zuschauer und Handelnder zugleich. Sie spielen nicht nur mit, Sie sind der Hauptdarsteller. Schauen Sie nicht aus der Ferne zu, sondern erleben Sie alles unmittelbar mit. Der ganze Ablauf wird von Ihnen gestaltet. Sie sind Regisseur, Schauspieler und Betrachter in einer Person. Fühlen Sie alles so, als würde es eben gerade genau so passieren.

Was Sie jetzt sehen (erleben), ist für Ihr Unterbewußtsein jetzt *wirklich*. Auf geistiger Ebene gibt es so etwas wie die Zeit gar nicht. Es existiert nur der jetzige Augenblick. Steigern Sie sich gefühlsmäßig ruhig in das Szenario hinein. Schon Goethe hatte dies erkannt, als er sagte: *So ihr's nicht fühlt, ihr werdet's nie erjagen.* Also: Fühlen statt Erjagen! Wer einmal Chef werden will, der muß schon jetzt die Polsterung seines Chefsessels spüren ...

Wechseln Sie Ihre Erlebnisposition hin und wieder: Erleben Sie sich als aktiv Teilnehmender, und sehen Sie sich selbst zu, wie Sie im Film (= auf der Lebensbühne) aktiv handeln. Wenn Sie sich als Betrachter zusehen, dann lassen Sie den Film auf Ihrem geistigen Bildschirm von links nach rechts ablaufen. Das heißt, neue Szenen kommen von links und werden nach rechts hinausgeschoben. Dieser Ablauf verstärkt die Wirkung.

Wichtig:

◆ Bringen Sie eventuell auftretende Zweifel gewaltlos, d. h. ohne sich unter Druck zu setzen zum Schweigen, indem Sie einfach wieder zurückkommen zu Ihren Erfolgsszenen.

◆ Lassen Sie auf Ihrem Bildschirm keine Zweifel zu. Machen Sie es, wie es auch beim Film und Fernsehen gemacht wird: Schneiden Sie die Szenen, mit denen Sie nicht zufrieden sind, einfach heraus, und ersetzen Sie sie gegebenenfalls durch andere.

◆ Glauben Sie daran, daß das, was Sie da sehen und erleben, tatsächlich wahr ist. Machen Sie sich klar: Sie bilden sich nicht nur etwas ein, Sie bilden (im Sinne von Erschaffen) tatsächlich etwas. Sie gestalten etwas, nämlich Ihr zukünftiges Leben – oder anders gesagt: Ihr Schicksal.

Wir wissen jetzt:

> ◆ **Bei der Imagination geht es ums Vorstellen, ums möglichst totale Erleben des erwünschen End-Zustandes** ◆

Es ist jedoch gar nicht so einfach, die Sinne, die durch unsere (irr-SINN-ige) Lebensweise mehr verkümmert als entwickelt sind, wieder voll und wirksam einzubringen. Wir Erwachsenen müssen sie – im Gegensatz zu den Kindern – erst einmal wieder „aufpäppeln", wir müssen sie re-aktivieren.

Die folgenden **5 Übungen** dienen dazu, unsere brachliegenden Sinne wieder zum Leben zu erwecken, damit wir wieder besser sehen, hören, riechen, schmecken und spüren können. Dies kommt nicht nur unserer Imagination zugute, sondern es bereichert unser Leben ganz allgemein.

Übung 1: Besser sehen

Nehmen Sie einen Gegenstand aus Ihrer häuslichen Umgebung, zum Beispiel eine Vase. Setzen Sie sich hin, und betrachten Sie einen Moment nur diese Vase. Nehmen Sie die Vase in allen Einzelheiten wahr. Achten Sie auf Farbe, Form, Größe, Material und andere Details. Schließen Sie dann die Augen, und lassen Sie diese Vase auf Ihrem inneren Bildschirm erscheinen. Sehen Sie mit Ihrem inneren Auge diese Vase. Öffnen Sie nun die Augen und kontrollieren Sie, inwieweit Ihre innere Abbildung der Realität entsprochen hat. Wiederholen Sie diese Übung auch mit anderen Gegenständen, zum Beispiel der Türklinke, einem Kugelschreiber.

Nehmen Sie die Umwelt mit neuen, bewußteren Augen wahr. Wenn Sie auf dem Land sind, achten Sie auf die Landschaft – schauen Sie sich jede Einzelheit an, als würden Sie sie zum ersten Mal in Ihrem Leben sehen. Achten Sie auf Formen und Farben der Felder, der Hecken, der Bäume. Betrachten Sie mit besonderer Sorgfalt die Struktur einer Baumrinde, den Tau auf dem Gras oder die Blüte eines Strauches. Schließen Sie zwischendurch die Augen, und lassen Sie die Blüte innerlich erscheinen. Wenn Sie in einer Stadt sind, studieren Sie die Form der Gebäude, die Art der Dächer, die Beschaffenheit der Mauern. Achten Sie auf die Kleidung der Passanten, die Auslagen in den Schaufenstern. Schlüpfen Sie in die Rolle eines Reisenden aus einem fernen Land, der all dies noch nie gesehen hat. Versuchen Sie, sich vorzustellen, wie das alles auf Sie wirken würde.

Übung 2: Besser hören

Schalten Sie nun vom Sehen auf das Hören um. Lauschen Sie den Geräuschen der Umgebung so genau und aufmerksam wie möglich. Achten Sie auf entfernte und nahe Geräusche. Konzentrieren Sie Ihre Aufmerksamkeit auf jeden akustischen Reiz. Schließen Sie dabei wenn möglich die Augen. Lauschen Sie vorbehaltlos, das heißt, versuchen Sie nicht, die Geräusche einzuordnen oder zu bewerten. Geben Sie sich ganz der Qualität des Geräusches hin, dem Bellen eines Hundes oder dem Glockenton des Kirchturms. Es geht ums Wahrnehmen, nicht um die Bewertung des Wahrgenommenen.

Übung 3: Besser riechen

Lenken Sie jetzt Ihre Aufmerksamkeit auf die Sie umgebenden Gerüche und Düfte. Lassen Sie dabei alle anderen Sinnesreize soweit wie möglich außer acht. Unterscheiden Sie zwischen den verschiedenen Gerüchen, die in der Luft liegen. Klassifizieren und benennen Sie sie nicht; es geht allein ums Wahrnehmen. Bleiben Sie neutral, ohne zu werten. Sie haben Tausende von Geruchsrezeptoren in Ihrer Nasenschleimhaut. Verfeinern Sie sie. Mit geschlossenen Augen ist die Wahrnehmung noch zuverlässiger. Denken Sie daran, wie oft wir die Augen schließen, wenn wir den Duft einer Blume, einer Mahlzeit, eines Weines unverfälscht aufnehmen wollen.

Übung 4: Besser schmecken

Wenn Sie das nächste Mal etwas essen, lutschen oder kauen, konzentrieren Sie sich ganz auf die hervorgerufenen Empfindungen. Schließen Sie auch dabei wieder die Augen. Wie verändert sich der Geschmack der Speisen, während sie sich in Ihrem Mund befinden? Wir kennen vier Geschmacksvarianten – salzig, süß, sauer und bitter. Versuchen Sie, auch feinere Zwischenabstufungen zu entdecken.

Wie schmeckt klares, frisches Wasser? Wie schmeckt ein bewußt gegessener Apfel?
Lassen Sie sich das Leben schmecken?

ÜBUNG 5: BESSER SPÜREN
Immer gibt es irgend etwas zu berühren. Spüren Sie das heiße Badewasser auf Ihrer Haut, die glatte Tomate in Ihrer Hand. Nehmen Sie wahr, was Sie spüren, wenn Sie barfuß im Gras oder durch den Sand laufen. Wie ist es, wenn Sie mit bloßen Händen einen Schneeball formen, das Fell eines Tieres oder das Gesicht eines Babys streicheln? Wie ist das, wenn Ihre Lippen die Lippen eines geliebten Menschen berühren? Gehen Sie der Welt wieder mehr durch Berührung mit Ihren Händen auf den Grund. Unsere Hände sind sehr feine Meßinstrumente. Nutzen Sie sie.

Machen Sie diese Übungen immer wieder. Nehmen Sie den Alltag als Übungsfeld. Möglichkeiten gibt es immer und überall. Das Angebot ist riesig.
Wir sind bereits blind und taub geworden für viele Bereiche unserer Umgebung. Die Wahrnehmungsübungen werden Ihr Beobachtungsvermögen erheblich verbessern. Ihre Sinne werden schärfer. Der Schleier lichtet sich. Das wird Ihrem Leben und Ihrer Imagination zugute kommen. Wichtig ist, daß Sie immer wieder üben, am besten ein Leben lang.

ZU SCHRITT 4: FREUDE UND DANKBARKEIT EMPFINDEN

Versuchen Sie, bereits beim Visualisieren Freude zu empfinden. Da Sie hoffentlich ohnehin die Imaginationen durchführen, um etwas Positives zu erschaffen, haben Sie auch immer Grund zur Freude. Sei es eine bessere berufliche Position, ein eigenes Heim, einen Partner fürs Leben – immer haben Sie Anlaß zur Freude, zumal Sie ja stets vom erreichten, bereits verwirklichten Endzustand ausgehen.
Die Zwillingsschwester der Freude ist die Dankbarkeit. Entwickeln Sie ein tiefes Gefühl aufrichtiger Dankbarkeit darüber, daß Ihnen die Imagination helfen wird, Ihr Leben zu verändern. Danken Sie dafür, daß das, was Sie in der Imagination als Endziel vorweggenommen haben, jetzt tatsächlich auf dem Weg zu Ihnen ist. Indem Sie Dankbarkeit ausdrücken, beweisen Sie auch Vertrauen, daß es so kommen wird. Wo Dankbarkeit herrscht, können keine Zweifel aufkommen. Dankbar zu sein bedeutet: *Ich weiß, daß ich mich auf die Macht der gelenkten Vorstellung verlassen kann. Ich* erwarte *nun die Verwirklichung auf der irdischen Ebene.*

Fragen Sie nicht, wie und warum etwas gehen soll, während Sie Visualisieren. Ihr Unterbewußtsein kennt Wege, die Sie (noch) nicht kennen. Es gibt vielleicht noch andere Kräfte, die Ihnen auf dem Wege der Wunscherfüllung zu Hilfe kommen. Auch dafür lohnt es sich, ein kräftiges *Dankeschön* zu übermitteln. Vielleicht könnten Sie Ihrer Dankbarkeit auch konkret Ausdruck verleihen – einem Menschen eine Freude machen, jemandem einen Gefallen tun, jemandem einen Brief schreiben ...
Ideen gibt es wie Sand am Meer.
Bildhaft Denken und praktisch Danken. Beides paßt gut zusammen.

Mit Freude und Dankbarkeit geht alles schneller und leichter

Freude und Dankbarkeit sind wie das Wasser für die Blumen. Fehlt es, trocknet alles ein.

Imagination: Wie oft und wann?

Sie haben nun die vier Schritte kennengelernt, die einzuhalten sind, wenn die Imagination nicht bloß Wunschträumerei bleiben, sondern den beabsichtigten Erfolg bringen soll.
Zu klären bleibt noch, *wie oft* und *wann* man visualisieren soll.
Es ist ausreichend, einmal am Tag seine Imagination durchzuführen. Die Zeit morgens vor Beginn der Tagesarbeit oder abends, wenn die Verpflichtungen des Tages beendet sind, ist besonders geeignet. Aber auch zu jeder anderen Tages- oder Nachtzeit kann visualisiert werden. Günstig ist es, sich zum Zwecke der Imagination in einen ruhigen Raum zurückzuziehen. Eine angenehme Atmosphäre fördert die Stimmung und macht aus dem ganzen Ablauf ein bedeutungsvolles Ereignis. Aber wie bereits an anderer Stelle erwähnt: Wer einige Erfahrung im Visualisieren hat, ist von äußeren Dingen weitgehend unabhängig. Er kann auf belebten Plätzen ebenso visualisieren wie beim Gehen durch einen Park.
Wichtiger als die äußeren Dinge ist die **innere Verfassung.** Konkret heißt das:

Wer lustlos an die Sache herangeht, schafft sich unnötige Blockaden

Ideal ist es, sich mit Freude und Zuversicht ans Werk zu machen.

Wie alles im Leben, geht auch das Visualisieren mit Vorfreude leichter von der Hand. Wer sich ständig aufraffen muß, sollte sich einmal nach den Hintergründen für seine Antriebsschwäche fragen. Wenn ein Ziel uns wirklich begeistert, geht die Imagination fast von selbst. Das Visualisieren soll keine todernste Angelegenheit sein, die es schnell hinter sich zu bringen gilt. Eine Imaginationsdauer von 10 Minuten pro Tag macht bloß 0,7 Prozent der Gesamttageszeit aus. Wenn wir nicht bereit sind, diese 0,7 Prozent für unser weiteres Leben *gerne* zu investieren, sollten wir es besser ganz bleiben lassen und es weiterhin mit reiner Muskelkraft versuchen.
Mehrmals am Tag die gleiche Imagination durchzuführen, ist wie mehrmals am Tag die Blumensaat zu gießen. Einmal genügt. Einmal richtig – und dann darauf vertrauen, daß es wächst.

Bevor wir uns zum Schluß einige konkrete Beispiele ansehen, hier noch einmal zusammengefaßt:

DAS WESENTLICHE ZUM THEMA „IMAGINATION"

Imagination ist die menschliche Fähigkeit, von innen heraus **GEISTIGE VORSTELLUNGSBILDER** zu entwerfen mit dem Ziel, diese in der äußeren Welt zu verwirklichen. Dabei kann es sich um Bilder handeln, die wir von Dingen der äußeren Welt bereits kennen, es können aber auch Bilder sein, die wir als kreativen Akt völlig neu in uns erschaffen. Ob ein Bild realistisch ist, spielt dabei keine Rolle. Körper und Umwelt reagieren auf starke, klare Bilder, bis schließlich das Äußere dem vor dem inneren Auge Gesehenen entspricht.
Hier tritt eines der Hauptgesetze der Esoterik in Kraft. Es hat nur vier Worte und lautet: *Wie innen – so außen.* Was wir auf der inneren Ebene (die des Geistes) geschaffen haben, muß auch auf der äußeren Ebene (die der Materie) eintreten. Dies ist so, weil es – wie die moderne Physik längst bewiesen hat – Materie an sich überhaupt nicht gibt. „Materie" ist lediglich verdichtete **ENERGIE.** Auch Gedanken sind Energie. Das heißt: Gedanken können sich materialisieren. Es ist alles nur eine Frage der Energiedichte. Energie ist der Stoff, aus dem diese Welt gemacht ist. Und Energie ist auch die Essenz, die alles mit- und untereinander verbindet.
Energie hat **ANZIEHUNGSKRAFT.** Energien mit gleicher Qualität und Schwingungsfrequenz ziehen einander an. Deshalb ist auch alles, was Sie um sich haben (Partner, Wohnung, Luxus oder Schulden) genau – pardon – richtig für Sie. Sie schaffen mit Ihren Gedanken um sich herum ein Kraftfeld. Erst wenn Sie

dieses ändern, können Sie etwas anderes anziehen beziehungsweise neu erschaffen.
Ihre Gedanken bauen ein **KRAFTFELD** auf, das wie ein Magnet auf das einwirkt, was es anzuziehen gedenkt (Freunde, Arbeitsplatz, Haus am See).
Den richtigen Partner holt man sich ins Leben, indem man sich ihn in seiner Vorstellungswelt erschafft.
Da die Welt ein *Ganzes* ist (ein neuer Begriff dafür lautet: **HOLOGRAMM**), muß der ersehnte Partner irgendwo auf dieser Welt bereits auf uns warten.
Hat man erst einmal das Bild des Gewünschten klar vor sich, ist das materielle Gegenstück nicht mehr in allzu weiter Ferne.

DIE FORM FOLGT DEM GEDANKEN! IDEE UND GEDANKE GEHEN DER SCHÖPFUNG VORAN

Gedanken können wir wie Knetmasse formen, bis wir mit dem Bild zufrieden sind, das sich dann Schritt für Schritt in der sichtbaren Welt offenbaren kann.
Wie in einer Gießerei schaffen die Gedanken die Form, die das flüssige Eisen ausfüllt, um zu dem erwünschten Objekt zu erstarren.
Immer gilt das Gesetz von Saat und Ernte, vom Senden und Empfangen. Was ich beim Visualisieren und darüber hinaus als Wunsch mit mir herumtrage, sende ich hinaus in die Umwelt. Früher oder später wird es zu mir zurückgespiegelt: *Jede Aktion schafft eine Reaktion!* Deshalb ist es auch so wichtig, das Richtige auszuwählen, denn: „Wie du in den Wald rufst, schallt es heraus."
Wenn wir visualisieren, nehmen wir einen starken Sendemast in Betrieb, der in die Welt hinausstrahlt.
Wir sehen: Imagination ist keine Zauberei. Imagination ist ein **PHYSIKALISCH-ENERGETISCHES GESCHEHEN,** das mittels Gedankenkraft Veränderungen bewirkt. Was kann es eigentlich Schöneres geben?
Bleibt nur noch eine Frage: Wie lange überhaupt soll man einen Wunsch visualisieren? Die Antwort ist einfach: So lange, bis der Wunsch in Erfüllung gegangen ist. Dies kann drei Tage, drei Monate oder drei Jahre dauern. Wer vom Fließbandarbeiter zum Konzernchef aufsteigen will, muß schon etwas Geduld und Beharrlichkeit aufbringen und auch einiges dafür *tun.*

IMAGINATION IN DER PRAXIS

Schauen wir uns nun zum Abschluß dieses Kapitels *drei Beispiele* an, wie sich die Imagination im täglichen Leben einsetzen läßt.

BEISPIEL 1: IMAGINATION IM BERUF

SCHRITT 1: Nehmen wir an, Sie sind Vertreter und möchten die Position des Verkaufsleiters Innendienst einnehmen, die in zwei Jahren in Ihrer Firma frei wird.

SCHRITT 2: Entspannen und die Außenwelt zurücktreten lassen (Sie erinnern sich an die drei Wege?).

SCHRITT 3: Schalten Sie Ihren „inneren Bildschirm" ein. Stellen Sie sich vor, wie Sie bei Ihren derzeitigen Kunden immer erfolgreicher werden, wie auch Ihr Kundenkreis immer größer wird. Sehen Sie, wie Sie sich auf Tagungen oder anderen Zusammenkünften durch kluge Beiträge immer mehr ins Blickfeld rücken. Registrieren Sie, wie man Ihre Beiträge immer mehr zu schätzen beginnt. Ihre Kollegen fragen Sie mehr um Rat, Ihr Vorgesetzter wird auf Sie aufmerksam. Sehen Sie sich, wie Sie freiwillig zusätzliche Seminare besuchen, zum Beispiel zum Thema Mitarbeiterführung oder Rhetorik. Stellen Sie sich vor, die zwei Jahre seien fast um, es gehe nun um die Nachfolge des ausscheidenden Verkaufsleiters. Kollegen schlagen Sie vor. Man bittet Sie für ein Gespräch zum noch amtierenden Verkaufsleiter. Es werden bereits Einzelheiten über Ihren neuen Aufgabenbereich erörtert. Sie bekommen diese Position. Ihre Frau, Ihre Familie, die Kollegen gratulieren Ihnen. Spüren Sie das Händeschütteln, hören Sie die Worte, die man Ihnen sagt. Sie geben einen kleinen Imbiß und Sekt.
Sie sitzen in Ihrem neuen Büro, planen die Zukunft ...

SCHRITT 4: ... und sind *dankbar.*

BEISPIEL 2: IMAGINATION ZUR HEILUNG

SCHRITT 1: Nehmen wir an, Sie müßten nach einem unglücklichen Sturz für einige Wochen mit einem Gipsbein das Bett hüten. Ihr Ziel ist es, möglichst bald wieder laufen zu können.

SCHRITT 2: Entspannen Sie sich, und versetzen Sie sich in den „Alpha-Zustand".

SCHRITT 3: Lassen Sie die Bilder laufen, sehen Sie sich wieder völlig gesund die Dinge tun, die Sie schon immer gern getan haben. Gehen Sie, laufen Sie, fahren Sie Fahrrad. Ihr Bein ist wieder voll beweglich. Hören Sie, wie man erstaunt ist über Ihre schnelle Genesung. Springen Sie vor Freude herum, und lassen Sie sich zu Ihrer „Wiederauferstehung" gratulieren.

SCHRITT 4: Seien Sie dankbar für Ihre schnelle und vor allen Dingen für Ihre vollständige Heilung.

BEISPIEL 3: IMAGINATION IM ALLTAG

SCHRITT 1: Nehmen wir an, Sie wollen Ihre Ferienwohnung verkaufen (vielleicht, weil Sie es leid sind, immer wieder an denselben Ort zu fahren).

SCHRITT 2: Bringen Sie Körper, Seele und Geist zur Ruhe. Werden Sie zur „glatten Wasseroberfläche".

SCHRITT 3: Stellen Sie sich vor, daß es irgendwo einen Menschen gibt, der Ihre Wohnung kaufen möchte. Stellen Sie sich weiter vor, wie sich die betreffende Person die Wohnung ansieht und wie sie sagt: „Genau so eine Wohnung habe ich gesucht. Ich bin froh, daß ich sie endlich gefunden habe." Sehen Sie, wie Sie sich beide über den Kaufpreis einig werden. Sie haben gewonnen, der Käufer hat gewonnen. Dies ist ein echter Grund zur ...

SCHRITT 4: ... Dankbarkeit!

Ob es um die **ARBEIT,** die **GESUNDHEIT,** um **PARTNERSCHAFT,** eine bevorstehende **PRÜFUNG** oder um **PERSÖNLICHE DINGE** – zum Beispiel mehr Selbstsicherheit – geht, überall läßt sich die Imagination sinnvoll einsetzen. Sogar in der Behandlung schwerster Krankheiten wird immer mehr mit Heilungs-Imaginationen gearbeitet. Jeder, der – egal auf welchem Gebiet – Überdurchschnittliches geschaffen hat, hat sich bewußt oder unbewußt das Prinzip der Imagination zunutze gemacht. Imagination ist nicht nur etwas für Künstler oder Unternehmer. Imagination ist das Mittel der Zukunft (die *jetzt* beginnt) für *jeden.* Heute gibt es im Spitzensport – ob Tennis oder Golf, Skilaufen oder Fechten – kaum noch einen Sportler, der auf das innere Üben mit Hilfe der Imagination verzichten kann. Auf dem Gebiet des Spitzensports spricht man jedoch weniger

von Imagination, hier hat sich allgemein der Begriff **MENTAL-TRAINING** durchgesetzt.
Eines soll jedoch an dieser Stelle deutlich gesagt werden: Imagination ist *kein* Ersatz fürs Handeln. Es reicht nicht aus, nur lange genug den Chefsessel zu visualisieren. Man muß dafür schon mehr als nur „etwas" tun. Es genügt nicht, die Teilnahme an der Olympiade zu visualisieren. Ohne hartes Training wird der Weg dorthin für ewig versperrt bleiben. Es reicht wahrhaftig nicht aus, sich einen gesunden Körper vorzustellen, auf Haxe, Kraut und Knödel jedoch auch zukünftig nicht verzichten zu wollen. Ohne Änderung der Lebensweise wird der Blutdruck weiter steigen und werden die Gelenke weiterhin knacken.

IMAGINATION ERGÄNZT DAS HANDELN,
ES ERSETZT ES NICHT!

Damit wir uns das Handeln nicht durch Worte unnötig erschweren, sehen wir uns jetzt an, was es mit den Worten – genauer gesagt: mit der Kraft der Worte – auf sich hat. Es geht um die **SUGGESTION.**

Das Wesen der Suggestion

Das Wort *Suggestion* stammt von dem lateinischen Wort *suggestio* und bedeutet soviel wie *Einflüsterung*. Das Wort *suggerieren* – ebenfalls der lateinischen Sprache entlehnt (*suggerere*) – heißt sinngemäß *von unten herantragen*.

Wir erkennen an diesen Worterklärungen bereits den Hauch des Geheimnisvollen, der diese beiden Begriffe umgibt. Und dieses Geheimnisvolle hat sich bis heute im Sprachgebrauch erhalten.

Unter Suggestion verstehen wir die Beeinflussung der Gefühls- und Geisteshaltung des Menschen

Diese Beeinflussung kann auf verschiedene Weise geschehen: durch **Farben, Musik, Düfte** und vor allem durch **Worte.**

Die Beeinflussung mit **Worten** kann durch andere, aber auch durch uns selbst erfolgen. Jeder Mensch ist mehr oder weniger suggestiv beeinflußbar. Diese Beeinflußbarkeit nennt man **Suggestibilität.** Ohne diese Suggestibilität ist menschliches Zusammenleben gar nicht denkbar, denn letztlich beeinflußt jeder jeden und alles alles. Wir können uns nicht vornehmen, andere *nicht* beeinflussen zu wollen, in irgendeiner Weise üben wir immer Einfluß aus. Und ebenso werden wir immer und überall von anderen beeinflußt. Zwar können wir uns, wenn wir diese Zusammenhänge durchschauen, der Beeinflussung von außen teilweise entziehen, eine völlige Abschirmung ist jedoch nicht möglich. Kinder, deren Kritikvermögen noch unvollständig ausgebildet ist, sind in erhöhtem Maße beeinflußbar (suggestibel). Sie lassen sich von Märchen, Fernsehfilmen und deren „Helden" dermaßen beeinflussen, daß dies leicht zu Fehlverhalten führen kann.

Die vier Formen der Suggestion

Betrachten wir nun anhand einiger Beispiele aus dem täglichen Leben die vier Formen der Suggestion. Danach werden wir die Zusammenhänge und die vorangegangenen theoretischen Ausführungen weitaus besser verstehen. Haben wir erst einmal die Bedeutung der Suggestion in ihrer ganzen Tragweite erkannt, werden wir auf dieses praktisch verwertbare Wissen kaum mehr verzichten wollen.

1. Die unabsichtliche, unbewusst angenommene Suggestion

Bei dieser Suggestionsform ist weder dem Sprecher (= Sender), noch dem Zuhörer (= Empfänger) das suggestive Geschehen bekannt. Hierher gehören alle Suggestionen, die ihren Ursprung in uns selbst haben, ohne daß es sich dabei jedoch um bewußte Autosuggestionen handelt. Sie können dabei eine positive oder auch eine negative Wirkung erzielen.

Beispiele:

◆ Ein Therapeut gibt einem Patienten ein Medikament mit, wobei er beiläufig bemerkt, daß dieses Medikament schon etlichen Patienten geholfen hat. Diese unbeabsichtigte suggestive Unterstützung, die natürlich auch absichtlich erfolgen kann (was gute Therapeuten wissen und gezielt tun), wird der Wirksamkeit des Medikamentes und damit der ganzen Therapie erheblich zugute kommen. Nicht selten ist gerade dieser Aspekt der Beeinflussung – in diesem Fall der Glaube an das Medikament – der ausschlaggebende Faktor.

◆ Ein ähnlich suggestiver Effekt geht von den sogenannten Beipackzetteln, die den Medikamenten beiliegen, aus. Es ist ein himmelweiter Unterschied, ob da eine ellenlange Auflistung der Nebenwirkungen und Kontraindikationen aufgeführt ist oder ob der Patient etwas über die Wirkungsweise und die zu erwartenden Heilerfolge zu lesen bekommt. Gerade in Notzeiten – und Krankheitszeiten sind Notzeiten – ist der Mensch um so empfänglicher. Jedes Wort auf dem Beipackzettel wirkt entweder wie ein Tropfen Honig oder wie ein Tropfen Säure.

◆ Bei Medizinstudenten kommt es immer wieder vor, daß sie nach einer Vorlesung über eine bestimmte Krankheit selbst die Symptome dieser Krankheit an sich zu erkennen und dann zu spüren vermeinen.

Wie würden (werden) *Sie* reagieren, wenn ein Bekannter (oder zum Beispiel mehrere Arbeitskollegen) Ihnen sagt, daß Sie heute aber schlecht aussehen? Rennen Sie gleich zum Spiegel, um sich zu betrachten? Halten Sie Ihre Hand gegen die Stirn, um zu sehen, ob sie heiß ist? Könnte es sein, daß Sie sich plötzlich irgendwie schlecht fühlen?

Wir sehen: Was keinesfalls als Suggestion gemeint war, kann vom Empfänger dennoch leicht in negativer Weise gedeutet werden.

Halten wir fest:

> **◆ Bei der unabsichtlichen, unbewusst angenommenen Suggestion weiss weder der Sender noch der Empfänger, was eigentlich auf unbewusster Ebene vorgeht ◆**

Die Wirkung einer solchen Suggestionsform kann – wie schon gesagt – negative oder positive Ergebnisse erzielen. Ein positives Beispiel wäre der Satz: „Du hast aber heute ein schickes Kleid an."

2. DIE ABSICHTLICHE, UNBEWUSST ANGENOMMENE SUGGESTION

Bei dieser Suggestionsform ist dem Sender (Sprecher) bekannt, daß es sich um eine Suggestion handelt. Der Empfänger weiß allerdings nichts von seinem (Un-)Glück. Mit den Mitteln dieser Art von Suggestion arbeiten im Grunde all diejenigen gezielt, die Macht haben und diese auch behalten oder ausbauen wollen.

BEISPIELE:

- **DIE VERTRETER DES STAATES, DIE POLITIKER.** Welch eine Flut gesteuerter Suggestionen ergießt sich ständig und insbesondere in Zeiten des Wahlkampfes über uns!
- **DIE VERTRETER DER GROSSEN STAATSKIRCHEN,** die oft jede kleine Gruppe Andersdenkender gleich als Sekte abqualifizieren, dabei aber bewußt übersehen, daß die Kirche ja selbst nichts anderes als eine große Sekte ist.
- **DIE VERTRETER (UND „VERDREHER") DER WERBEBRANCHE.** Wer kann sich heute noch vor der Wirkung der zahllosen Suggestionen schützen, die uns über Plakate, Prospekte, Zeitschriften, Radio und Fernsehen erreichen? Wir werden von einer Lawine an Werbebotschaften geradezu überrollt. Jede Schaufensterauslage suggeriert uns, was wir haben, besitzen, kaufen sollen. Die Werbung hat die Macht der Suggestion längst begriffen und weiß sie zu ihrem (nicht immer zu unserem) Wohl professionell einzusetzen. Niemand kann sich dieser Dauerberieselung entziehen. Mehr oder weniger ist jeder ein Opfer. Daß es dabei – auch was unsere Gesundheit betrifft – nicht gerade zimperlich zugeht, beweisen (stellvertretend für viele ähnliche Sprüchlein) die drei Wörter, mit denen seit Jahren der gesamte Werbefeldzug für die Zigarettenmarke „R 1" geführt wird. Die Suggestion lautet: „Ich rauche gern." Kurz und bündig (ein Merkmal „guter" Suggestionen) und – wie es scheint – sehr wirksam.
- **DIE BERICHTERSTATTUNG IN PRESSE, FUNK UND FERNSEHEN.** Wir erhalten Informationen, die wir selbst nicht überprüft haben und meist auch nicht überprüfen können. Was glauben wir nicht alles, bloß weil es in der Zeitung, im Radio oder im Fernsehen behauptet wird! Und doch ist längst bekannt, daß jede Information – je nach politischer Ausrichtung der Redaktion – mehr oder weniger verändert und verfälscht wird. Eine „Tatsache", die auf dem einen Kanal in einer bestimmten Weise dargestellt wird, kann auf einem anderen Kanal ganz

anders verkauft werden. Hier bedarf es schon des Fingerspitzengefühls und des kritischen Sachverstands, um zwischen Suggestion und Tatsache unterscheiden zu können.

3. Die unabsichtliche, bewusst angenommene Suggestion

Der Empfänger empfindet einen Reiz, ein Wort oder eine Maßnahme als Suggestion, die vom Sender gar nicht als solche gemeint war. Als Beispiel wird immer wieder folgende Geschichte genannt:

In einem mit vielen Betten ausgestatteten Saal eines Krankenhauses liegt ein Schwerkranker, der nach Ansicht der Ärzte nur noch wenige Tage oder gar nur Stunden zu leben hat.

Der Chefarzt macht mit seinem Ärzteteam Visite. Bei jedem Patienten bleibt er stehen und richtet ein paar persönliche Worte oder Fragen an ihn.

Als er zum Bett des Todkranken kommt und am Zustand des Patienten zu erkennen glaubt, daß es keinen Sinn mehr hat, sich weiter um ihn zu kümmern, bemerkt er zu den um ihn stehenden Ärzten nur kurz: „Moribundus!" (was auf deutsch soviel heißt wie: ein Sterbender, ein dem Tode Geweihter) und geht zum nächsten Krankenbett weiter.

Der Sterbenskranke beherrscht die lateinische Sprache nicht, meint aber aus der rasch hingemurmelten Bemerkung des Chefarztes das Wort „Gesundung" herausgehört zu haben. Er schließt daraus, daß er sich auf dem Weg der Besserung befinde und es der Chefarzt daher nicht mehr für notwendig erachtet habe, sich auch mit ihm eingehender zu befassen.

Der Patient schöpft neues Vertrauen. Er ist frohen Mutes und glaubt von diesem Augenblick an ganz fest an seine Genesung.

Und tatsächlich ist er – zum Erstaunen der Ärzteschaft – eine Woche später gesund.

Sogar eine falsch gedeutete Bemerkung genügt also, um beim Empfänger die Kräfte der Suggestion zu mobilisieren, was selbst bei schwersten Erkrankungen zu erstaunlichen (Wunder-)Heilungen führen kann. Wichtig ist eben nicht, wie etwas gemeint ist, sondern wie der andere es aufnimmt!

Haben Sie dies bei Ihren Worten, die Sie so im Laufe eines Tages an andere Menschen richten, bisher genügend berücksichtigt?

4. Die absichtliche, bewusst angenommene Suggestion

Bei dieser Suggestionsform sind sich der Sender, also derjenige, der die Suggestion gibt, und der, welcher sie empfängt, über den suggestiven Charakter des Einflusses im klaren.

Sind Suggestionsgeber (Sender) und Suggestionsnehmer (Empfänger) ein und dieselbe Person, so handelt es sich um eine Selbstbeeinflussung oder: **AUTOSUGGESTION.**
Wir unterscheiden

- *stärkende, aufbauende* Autosuggestionen (= positive Autosuggestion) und
- *schwächende, abbauende* Autosuggestionen (= negative Autosuggestion).

Die positive Autosuggestion

Bekannt wurde die Autosuggestion im Zusammenhang mit der Heilung von Krankheiten, als der französische Apotheker *Emile Coué* im 19. Jahrhundert die Autosuggestionsformel *Es geht mir von Tag zu Tag in jeder Hinsicht immer besser und besser* prägte. Diese Suggestionsformel wurde weltberühmt. Mit diesem einfachen Satz erzielte *Coué* bei seinen Patienten, die aus der ganzen Welt angereist kamen, erstaunliche Besserungen und Heilungen. *Coué* gilt daher als einer der Begründer der bewußten Autosuggestion.
Natürlich reichte es nicht aus, diesen Satz einmal brav vor sich her zu sagen, um anschließend Besserung oder Heilung zu erfahren. Dieser Satz mußte mehrmals hintereinander „nach innen" gesprochen werden, damit er einsinken konnte. Nur so war er in der Lage, seine Wirkung zu entfalten. *Coué* ließ dazu eine Knotenschnur verwenden (mit 20 bis 25 Knoten), die das ablenkende Zählen ersparte. Auf diese Weise brauchte man nur die Schnur abzutasten und war dann einmal durch mit seinem Programm.
Anhand dieses Beispiels können wir die entscheidenden Regeln für eine erfolgreiche Autosuggestion herausarbeiten:

Die 4 Regeln der Autosuggestion

Regel 1: Die Formulierung einer Autosuggestion muß stets in der Gegenwartsform erfolgen.

Beispiel: Statt „Ich werde meine Schulden bezahlen" sagen Sie „Ich habe genügend Geld, um all meinen Bankverpflichtungen nachzukommen."
Hier haben wir nicht nur das „Ich werde" durch „Ich habe" ersetzt, auch das Wort „Schulden" wurde aus dem Verkehr gezogen. Das Wort „Schulden" hat einen ausgesprochen negativen Beigeschmack. Es wäre nicht sehr klug, dieses Wort seinem Unterbewußtsein 20- oder 25mal – und das womöglich mehrmals am Tag – einzuverleiben.

Auf das Wort „werde" muß man aber nicht gänzlich verzichten. Wenn wir dieses Zukunftswort an ein unmittelbar bevorstehendes Ereignis koppeln, können wir es durchaus verwenden.
Beispiele: „Ich werde heute abend beim Empfang Sicherheit und Selbstvertrauen ausstrahlen." Oder: „Ich werde morgen früh einen guten Flug nach München haben."

REGEL 2: DIE AUTOSUGGESTIONSFORMEL MUß POSITIV FORMULIERT WERDEN.
Beispiel: Statt „Ich komme mit Zahlen nicht zurecht" sagen Sie „Ich kann mit Zahlen gut und sicher umgehen." Das bedeutet: Keine Verneinungen wie „nicht", „nicht mehr", „nein", „kein". Das Unterbewußtsein muß erfahren, *was* geschehen soll, und nicht, was *nicht mehr* geschehen soll.

REGEL 3: DIE AUTOSUGGESTION MUß WIEDERHOLT WERDEN.
Autosuggestionen leben von der Wiederholung. Einmal ist keinmal. Fünfmal sind auch kein Mal. Autosuggestionen sollten 20 bis 30mal rasch hintereinander gesprochen werden, damit sich andere Gedanken erst gar nicht dazwischendrängen können. Und das behält man dann über einen Zeitraum von 3 bis 4 Wochen bei. Suggestionen erfordern Geduld, Konsequenz und Selbstdisziplin. Die regelmäßige tägliche Wiederholung ist für die Autosuggestion das, was für den Motor der Treibstoff ist.

REGEL 4: DIE AUTOSUGGESTION SOLLTE EINDEUTIG UND MÖGLICHST NICHT ZU LANG SEIN.
Hier zeigt die genannte Couésche Autosuggestionsformel, die wir als „musterhaft" bezeichnet haben, eine gewisse Schwäche. Sie ist genau genommen zu lang und zu allgemein. Gedanken wie „von Tag zu Tag", „in jeder Hinsicht" und „besser und besser" ließen sich genauer und dadurch noch weitaus wirksamer formulieren.

Diese vier Regeln gilt es zu beachten. Eine entspannte, ruhige Umgebung (vielleicht in Ihrer „Autosuggestionsecke") sowie überhaupt ein entspannter innerer Zustand begünstigen zusätzlich jegliches „Arbeiten" mit Autosuggestionen. Die Worte selbst sollten halblaut gesprochen werden, so, daß wir sie noch gut hören können.

DIE NEGATIVE AUTOSUGGESTION

Im Gegensatz zur positiven Autosuggestion läuft die negative Autosuggestion oft nahezu unbemerkt ab, also aus **GEWOHNHEIT**. Die meisten Menschen haben noch gar nicht erkannt, wie sehr sie sich mit solchen unbewußten negativen Suggestionen schaden. Folgende beispielhafte Sätze verdeutlichen dies:
„Für Sprachen bin ich überhaupt nicht begabt."
„Ich habe ein fürchterliches Namensgedächtnis."
„Technisch bin ich eine Null."
„Ich kann nicht gut tanzen."
„Ich habe nicht den geringsten Orientierungssinn."
„Mathematik liegt mir nicht."

Solche und ähnliche Formulierungen kann man überall hören. Man begegnet ihnen im Büro und in der Kantine, in der Straßenbahn und an jedem x-beliebigen Platz. Überall da, wo Menschen sich mehr oder weniger zwanglos miteinander unterhalten, wird man fündig. Lange muß man nicht warten. Bald schon sind die ersten negativen Autosuggestionen zu hören.

Machen Sie von jetzt an ein Spiel daraus: Fahnden Sie, immer wenn sich Ihnen die Gelegenheit dazu bietet, nach negativen, das heißt selbstzerstörerischen Autosuggestionen. Es wird sich lohnen. Hoffentlich wird aus diesem Spiel kein Trauerspiel. Ob unter Freunden oder Bekannten, ob unter Kollegen oder Verwandten (zum Beispiel auf einer Geburtstagsfeier) – negative Autosuggestionen scheinen wie eine Seuche überall verbreitet zu sein. Manche Menschen scheinen fast schon eine sonderbare Freude am Gebrauch derartiger Negativformulierungen zu haben, so daß man glauben könnte, sie würden sich daran laben ...

Vor allem: Achten Sie darauf, wie oft *Ihnen selbst* negative autosuggestive Aussagen über die Lippen kommen. Stellen Sie einen Wächter in oder vor Ihren Mund, der Autosuggestionen negativer Art den Durchlaß verwehrt.

Wer sich ständig negative Aussagen über die eigene Person leistet, bringt eine verhängnisvolle Entwicklung in Gang. Denn: Aus solchen Negativ*behauptungen* werden *Überzeugungen*, die auch deshalb so negativ wirken, weil sie uns den Anschein der Unabänderlichkeit vorgaukeln. Wer überzeugt davon ist, „Briefeschreiben war noch nie meine Stärke", der wird auch weiterhin wenig Freude und Erfolg beim Briefeschreiben haben. Bei einem solchen Menschen wird sich die „Briefeschreibschwäche" immer mehr verfestigen. Dabei müßte er vielleicht nur einmal mit der richtigen Einstellung anfangen zu schreiben, um dann zu erleben, wie man durch Üben eine (scheinbare) Schwäche nach und nach überwinden kann.

Schauen wir uns noch einige weitere aus dem Alltag gegriffene **BEISPIELE** für negative Selbstaussagen an, damit wir in Zukunft diese Fallstricke noch besser erkennen können. Je mehr wir für negative Autosuggestionen sensibilisiert sind, um so wirksamer vermögen wir uns vor einer Ansteckung zu schützen.
Hier das Beispiel mit dem Regenguß:
Wir sind ohne Schirm unterwegs und reichlich naß geworden. Denken wir nun: „O weh! Jetzt bekomme ich sicher einen Schnupfen", dann werden wir sehr wahrscheinlich schon in wenigen Stunden die ersten Anzeichen einer Erkältung verspüren. Auch der oft übertriebene Rat vieler Mütter: „Zieh dir eine dicke Jacke an (oder: „Setz dir eine Mütze auf"), sonst wirst du dich erkälten", ist nicht unbedingt gesundheitsfördernd.
Sobald wir einmal nasse Füße bekommen, sind unsere Gedanken schon bei der herannahenden Erkältung. Daß wir jedoch im Urlaub barfuß am Strand durch das oft ziemlich kalte Wasser waten, *ohne* uns dabei jemals zu erkälten, vergessen wir anscheinend völlig.
Sitzen wir nur für wenige Augenblicke im Windzug, rufen wir gleich: „Fenster (oder Tür) zu!" An der Nordsee lassen wir uns jedoch stundenlang den Wind um den Kopf wehen, ohne gleich an Erkältung oder Halsschmerzen zu denken. Und meist bekommen wir sie auch nicht – trotz Wind und Regen.
Nasse Füße sind anscheinend nicht gleich nasse Füße. Windzug ist anscheinend nicht gleich Windzug.
Woher kommt bloß unsere so unterschiedliche Bewertung?
Von *Napoleon* ist bekannt, daß er sich bedenkenlos bei leprakranken Soldaten aufhielt, weil er fest davon überzeugt war, daß er sich nicht anstecken werde. Und er erkrankte tatsächlich nie an Lepra.
Der deutsche Forscher und Begründer der wissenschaftlichen Hygiene *Max von Pettenkofer* hat am Ende des 19. Jahrhunderts mit 74 Jahren vor den versammelten Studenten im überfüllten Hörsaal ein ganzes Reagenzglas mit lebenden Cholerabakterien ausgetrunken. Dennoch erkrankte er nicht an Cholera. Dafür wurde er mit diesem Versuch noch berühmter.
Florence Nightingale, die eigentliche Begründerin der Krankenpflege, pflegte Verwundete und Kranke während des Krimkrieges. Trotz nie endender Seuchen ist sie selbst nie erkrankt. Obwohl Viren und Bakterien zu ihren ständigen Begleitern zählten, wurde sie 90 Jahre alt – und das alles ohne jeden Impfstoff.
Fest steht:
Wir können durch negative Autosuggestion unsere Krankheitsanfälligkeit erhöhen und die Genesung von bestehenden Krankheiten blockieren. Aber wie wir ja etwas weiter vorn gelesen haben, läßt sich die Autosuggestion auch gewinnbringend für unser Wohlbefinden einsetzen:

Wir können durch bewusste, positive Autosuggestion unseren „inneren Arzt" aktivieren, das heisst, unsere körpereigenen Abwehrkräfte so weit mobilisieren, dass wir Krankheiten vorbeugen oder von ihnen genesen

Ist das nicht eine „Frohe Botschaft", gewissermaßen ein Gesundheits-Evangelium?
Wie wäre es, wenn Sie es beim nächsten Mal, wenn Sie vom Regen überrascht wurden und naß bis auf die Haut sind, einmal mit folgenden Gedanken (Suggestionen) versuchen würden:
Meine Gesundheit ist gut. Der Regen ist harmlos. Er erfrischt meinen Körper und fördert meine Vitalität. Es geht mir gut.
Na, wie klingt das?
Sie wissen jetzt, worauf es im Zusammenhang mit Suggestionen ankommt. Was Sie mit dem Wissen machen, liegt allein in Ihrer Hand (in Ihrem Kopf).
Beispiel:
„Das kann ich mir nicht leisten." Klingt das nicht ziemlich deprimierend? Besser wäre statt dessen: „Das werde ich mir zu einem späteren Zeitpunkt kaufen." Diese Aussage drückt Zuversicht und Vertrauen in die eigenen Fähigkeiten und Möglichkeiten aus, wenngleich sie noch auf die Zukunft verweist. Hier klingt innere Gewißheit durch, daß man das Geld in absehbarer Zeit haben wird, um sich das Betreffende leisten zu können.
Sollte man jedoch zu der Überzeugung gelangen, daß man sich etwas tatsächlich nie leisten kann – was ja kaum jemand für alle Zukunft endgültig behaupten kann (was vermag nicht alles zu geschehen: Lottogewinn, die berühmte Erbschaft ...) –, so könnte die folgende Frage weiterhelfen: „Brauche ich das Unerreichbare überhaupt für mein Seelenheil?" Oder: „Würde mich dieses Unerschwingliche denn wirklich glücklich(er) machen?"
Ein anderes **Beispiel:**
„Das geht nicht." Eine solche Aussage ist ein Todesurteil für jede Idee, jeden Vorschlag, jedes Vorhaben.
Machen diese drei Worte Mut, es *doch* einmal zu versuchen? Wie steht es mit dem Motto: „Probieren geht über Studieren?" Oder was ist mit der Volksweisheit, die da lautet: „Wer wagt, der gewinnt?"
Viel aufbauender wäre: „Wir wollen sehen, wie es doch funktionieren könnte." Bei dieser Formulierung sind ganz plötzlich wieder neue Wege und Möglichkeiten offen. Spüren Sie das?

Es gibt ein Gesetz des Geistes, welches besagt, daß alles, was wir voller Überzeugung erwarten, auch tatsächlich eintritt.
Anders gesagt:

Was wir erwarten (und nicht was wir wollen), geschieht

Stellen Sie sich einen sechs Meter langen Balken vor, der auf dem Boden liegt. Sie können bequem auf ihm entlanggehen. Er ist stabil und dick genug. Er trägt Sie sicher.
Stellen Sie sich nun vor, dieser Balken verbindet die beiden Balkone zweier benachbarter Häuser in 40 Meter Höhe. Würden Sie die Überquerung schaffen? Es ist derselbe Balken. Sie wissen: Er trägt Sie eigentlich sicher. Aber ...
Aber da ist die **Vorstellung** abzustürzen. Der **Wille,** über den Balken zu gehen, ist – verglichen mit der Macht der Vorstellung – zu schwach, um Sie sicher zum anderen Balkon zu bringen. Wenn Wille und Vorstellung miteinander im Clinch liegen, siegt immer die Vorstellung. Erst wenn Sie sich das, was Sie wollen, wirklich vor-stellen können, haben Sie es geschafft.
Wenn Sie erwarten, daß Sie sich etwas nie leisten können, werden Sie es sich nie leisten können.
Wenn Sie erwarten, daß etwas nicht gehen kann, wird es auch nicht gehen.
Erwarten bedeutet soviel wie *glauben.* Und wie heißt es in der Bibel? *Nach deinem Glauben wird dir gegeben (oder: geschehen).*
Genauer gesagt sind wir selbst es, die es uns geben – oder nehmen. Wir haben unser Schicksal tatsächlich viel mehr, als wir es uns je haben träumen lassen, *selbst* in der Hand.
Was wir erwarten, ist wie eine Prophezeiung, die wir uns selbst machen und die sich *erfüllt!* Deshalb ist dieses Gesetz des Geistes bekannt als das **Gesetz der sich selbst erfüllenden Prophezeiung.**
Das bedeutet für Sie und für Ihr tägliches Leben:
1. Achten Sie auf Ihre Worte, auch und vor allem auf jene, die Ihnen so beiläufig über die Lippen rutschen.
2. Worte, von denen Sie nicht wollen, daß sie Wirklichkeit werden, sprechen Sie am besten gar nicht mehr aus.

Noch besser wäre es, Sie würden nur noch solche Worte und Sätze aussprechen, die positiv sind und etwas Bestimmtes *bejahen.* Solche bejahenden Formulierungen nennt man **Affirmationen.**
Was es damit auf sich hat, wollen wir uns nun ansehen.

Affirmationen

Der Begriff *Affirmation* stammt von dem lateinischen Wort *affirmatio* und bedeutet Bejahung, Zustimmung, Bekräftigung, Beteuerung.
Eine Affirmation ist eine *positive* Aussage, die eine bestimmte Tatsache oder ein Glaubensmuster bestätigt, unterstreicht, bejaht, bekräftigt.
Ein **Beispiel:**
„Ich bin in der Lage, für mich selbst zu entscheiden." Mit diesem Satz drücken wir ein klares Glaubens- oder Verhaltensmuster aus. Wir bestätigen damit unsere Fähigkeit, für uns selbst entscheiden zu können. In diesem hier gedeuteten Sinne *bekräftigt* die Affirmation etwas, was zumindest ansatzweise bereits vorhanden ist – nämlich die Entscheidungsfähigkeit. Dies ist aber nur die eine Wirkungsweise der Affirmation.
Denn auch jemand, dem gerade diese Entscheidungsfähigkeit fehlt, kann die oben genannte Affirmation gebrauchen. Hier dient die Affirmation dazu, eine Eigenschaft, die gewünscht, aber noch nicht vorhanden ist, gewissermaßen auf dem Wege der Gedankenkraft ins Leben zu rufen, das heißt, zu verwirklichen. Dies ist die andere Wirkungsweise der Affirmation. Hier geht es nicht darum, etwas bereits Vorhandenes zu stärken, sondern etwas noch nicht Vorhandenes erst noch zu *(er)schaffen*.
Merken wir uns:

Mit Hilfe von Affirmationen sind Veränderungen möglich

Eine (schwache) Eigenschaft (Fähigkeit, Tugend) kann *verstärkt* werden, sofern sie bereits existiert, und sie kann *neu herangebildet* werden, wenn sie bisher noch nicht vorhanden war.
Affirmationen haben demnach eine ausschließlich *positive* Wirkungsweise. Affirmationen bringen einen schöpferischen **Wachstumsprozess** in Gang. Sie fördern unsere persönliche Entwicklung. Affirmationen „funktionieren" nur im positiven Sinne.
Eine Aussage wie: „Ich gebe nicht auf" ist keine Affirmation, sondern eine Autosuggestion, genauer gesagt, eine negative Autosuggestion („nicht"), auch wenn sie etwas Positives meint. Dieser Satz würde in die Sprache der Affirmation übertragen lauten: „Ich halte durch und erreiche mein Ziel."

Wir können daher sagen:

AFFIRMATIONEN SIND EINE BESONDERE FORM DER POSITIVEN AUTOSUGGESTION

Das im negativen Sinne der Affirmation entgegengesetzte Wort heißt **NEGATION.** Uns geht es hier jedoch ausschließlich um das Positive, also um Affirmationen. Ein wichtiges Merkmal von Affirmationen ist die Personenbezogenheit, was durch Wörter wie „ich", „mein", „mir" zum Ausdruck kommt.
„*Ich* habe eine positive Einstellung zu *mir* selbst."Ich danke für *meine* vollkommene Heilung." „*Meine* Ausstrahlung ist stark und gewinnend." „Alles, was *mir* heute widerfährt, geschieht zu *meinem* Besten!"
Affirmationen sind eine wunderbare Unterstützung, um Ziele zu erreichen, unsere Persönlichkeit zu entwickeln oder neue Gewohnheiten oder Fähigkeiten auszubilden. Affirmationen sind Werkzeuge, mit denen wir die Macht der Gedanken gezielt zum Einsatz bringen können. Mit einer planvoll eingesetzten Affirmation lassen wir ein bestimmtes **VORSTELLUNGSBILD** immer wieder wirksam werden. So wie ein trockener Schwamm Wasser aufsaugt, so saugen wir das durch die Affirmation geschaffene Vorstellungsbild in uns auf.
Affirmationen steuern unser Denken. Sie geben unseren Vorstellungsbildern, die uns pausenlos durch den Kopf wirbeln, eine ganz bestimmte, nämlich die vorher bestimmte Richtung. Und weil sie das Denken steuern, haben sie auch Einfluß auf unser Fühlen und unser Handeln. Mit Hilfe von Affirmationen können wir uns den Weg freimachen, um schneller ans Ziel zu kommen.

Damit dies geschehen kann, sollten Sie wiederum einige **HINWEISE** beachten:
1. Verwenden Sie ausschließlich positive Formulierungen.
2. Formulieren Sie Affirmationen in der Gegenwartsform.
3. Die Affirmation sollte das gewünschte Verhalten oder die angestrebte Eigenschaft klar und eindeutig bezeichnen.
4. Arbeiten Sie überwiegend mit kurzen, einfachen Sätzen.

Die enge Verwandtschaft zu dem, was bereits im Zusammenhang mit Suggestionen gesagt wurde, ist nicht zu übersehen.
Übrigens: Ist Ihnen am letzten Satz(ende) etwas aufgefallen? Richtig. Das Ende des Satzes war nicht gerade positiv formuliert. Hier die Formulierung im affirmativen Sinne:
Die enge Verwandtschaft zu dem, was bereits im Zusammenhang mit Suggestionen gesagt wurde, ist leicht zu erkennen.

Dies mag nach Wortspielerei aussehen, aber gerade darum geht es schließlich bei den Affirmationen. Die Energie der Affirmation liegt in den Worten.

Schauen wir uns zur weiteren Einstimmung einige Affirmationen an, die jeder von uns mehr oder weniger gebrauchen kann:
„Ich lebe dankbar und froh in der Gegenwart des Guten."
„Mein Auftreten ist frei und sicher."
„Ich glaube an mich und an meine Kraft."
„Mut ist ein natürlicher Teil meines Wesens."
„Ich kann mich immer besser auf mein Gedächtnis verlassen."
„Ich bin intelligent und kreativ."
„Ich kann, was ich will."
„Meine Mitmenschen erleben mich als aufgeschlossene und vertrauenswürdige Person."
„Ich kann anderen Menschen ruhig und sicher in die Augen blicken."
„Mich wirft so schnell nichts um."
„Ich habe genügend Geld, um mir alle Wünsche zu erfüllen."
Haben Sie es diesmal bemerkt? Die vorletzte Affirmation ist nicht ganz „astrein" formuliert. Finden Sie selbst eine bessere Formulierung.

WIE GEHT MAN MIT AFFIRMATIONEN WIRKUNGSVOLL UM?

Die Wirkung einer Affirmation setzt in dem Moment ein, in dem unser Bewußtsein, vor allem aber unser Unterbewußtsein sie als Wahrheit akzeptiert. Das geschieht gewiß nicht dadurch, daß wir sie einmal oder zweimal vor uns hersagen. Auch die Affirmation lebt von der **WIEDERHOLUNG.** Auf die Wiederholung kommt es an.

DIE 4 WEGE DER WIEDERHOLUNG

WEG 1: SCHREIBEN

Das Schreiben ist die effektivste Methode, mit Affirmationen zu arbeiten. Sie hat mehrere Vorteile. Beim Schreiben der Affirmation nutzen wir gleichzeitig den visuellen Sinn, den kinästhetischen Sinn (die Tätigkeit der Finger) und – wenn wir die Affirmation leise mitsprechen – den auditiven Sinn. Dabei prägt sich die Affirmation wesentlich intensiver ein. Das Schreiben wird somit zu einem ganzheitlichen Vorgang.

Besonders wirksam ist es, wenn die Affirmation in der ersten (ich), zweiten (du) und dritten Person (er, sie) erfolgt, wobei jeweils der eigene Vorname eingefügt wird. Diese Vorgehensweise vertieft die Wirkung erheblich. Dabei wird jede Personenform dreimal aufgeschrieben. Ein Beispiel:
Ich, Hans, übernehme die Verantwortung für mein Tun.
Ich, Hans, übernehme die Verantwortung für mein Tun.
Ich, Hans, übernehme die Verantwortung für mein Tun.
Du, Hans, übernimmst die Verantwortung für dein Tun.
Du, Hans, übernimmst die Verantwortung für dein Tun.
Du, Hans, übernimmst die Verantwortung für dein Tun.
Er, Hans, übernimmt die Verantwortung für sein Tun.
Er, Hans, übernimmt die Verantwortung für sein Tun.
Er, Hans, übernimmt die Verantwortung für sein Tun.
Dieser ganze Block wird noch zweimal wiederholt, was insgesamt 27 Sätze ergibt (das entspricht einer ganzen Seite eines linierten DIN-A4-Blockes).
Wichtig ist, daß Sie die Affirmationen nicht nur lust- und teilnahmslos herunterschreiben, sondern beim Schreiben bereits die Freude über die bevorstehende Verwirklichung spüren. Wie bei der Autosuggestion sind **Gefühle** erlaubt.
In **Schönschrift** erhält der Vorgang etwas fast Feierliches, es ist, als würde man ein Dokument, einen Vertrag oder eine Urkunde ausfüllen. Je nach Schreibtempo werden für eine ganze Seite etwa 7 bis 10 Minuten benötigt. Nicht auf das schnelle pflichtbewußte „Hinter-sich-Bringen" kommt es an, sondern auf das Erspüren und „Genießen" des Geschriebenen. Lieber also nur eine Zeile statt eine Seite schreiben, dafür aber mit innerer Offenheit und Zwanglosigkeit.
Eine brennende Kerze, die man diesem Akt beiwohnen läßt, macht aus diesem Affirmations-Schreiben eine wahre **Zeremonie.** Hingabe wirkt dabei wie ein Katalysator. Es reicht aus, einmal am Tag seine Affirmationen zu Papier zu bringen, wobei wiederum die Morgen- und Abendstunden am günstigsten sind.
Von Vorteil ist es, wenn man seine Affirmationen auf kleine Kärtchen schreibt (DIN A7 oder 8) und diese an verschiedenen Stellen in der Wohnung, im Büro, im Auto, in der Brieftasche plaziert. Durch diesen Trick wird man immer wieder auf spielerische Weise an seine Bejahungen erinnert.
Ob man – wie es manch einer schon mal gemacht haben soll – sich die Affirmation gleich auf den Handrücken tätowieren lassen sollte, bleibt mehr als reiflich zu überlegen. Stellen Sie sich vor, Sie sind schon seit drei Jahren glücklich verheiratet, tragen jedoch auf Ihrem Handrücken noch immer die Tätowierung: „Ich, Paul, finde den idealen Ehepartner." Ob das dem weiteren Glück Ihrer Partnerschaft wohl zuträglich ist ...?
Bleiben Sie also besser beim Schreiben auf Papier beziehungsweise Karton.

WEG 2: KASSETTEN HÖREN

Sprechen Sie die Affirmationen auf eine Kassette, und hören Sie sich diese mehrmals täglich an. Sie können sich auch die Affirmationen von einer anderen Person, die an *Sie* glaubt, auf Band sprechen lassen. Unter Umständen vermag dies die Wirkung zu verstärken. Auch eine ruhige Hintergrundmusik zur Untermalung kann sehr förderlich sein. Oder Sie hören sich die Affirmationen mit Kopfhörer in ruhiger Umgebung oder in Form einer Geräuschkulisse neben der Arbeit an. Probieren Sie aus, was Ihnen zusagt.

WEG 3: ERZÄHLEN

Stellen Sie sich vor einen großen Spiegel, und lesen Sie sich beziehungsweise Ihrem Spiegelbild die Affirmationen vor. Versetzen Sie sich dabei in die Rolle eines Schauspielers, der auf der Bühne ein Gedicht kunstvoll vorträgt. „Sehen" Sie dabei, wie das Publikum von Ihren Worten sehr angetan ist. Sie können die Affirmationen auch wie bei einer Oper halb singend, also als Sprechgesang darbieten.

WEG 4: SINGEN

Machen Sie ein Lied, einen Song aus Ihrer Affirmation. Sie können auch die Melodie eines bekannten Liedes für Ihre Affirmation verwenden. Kennen Sie noch das Lied „I want to hold your hand" der „Beatles"? In Deutschland wurde das Lied seinerzeit unter dem Titel „Komm, gib mir deine Hand" ein Hit.
Ersetzen Sie nun den Text (englisch oder deutsch) durch Ihre Affirmation, die zum Beispiel so lauten könnte: „Ich schaff' es, ich erreiche es, ich habe Kraft und Mut." Also statt: „Oh, komm doch, komm zu mir, komm, gib mir deine Hand." Ihre Affirmation: „Oh, ich schaff' es, ich erreiche es, ich habe Kraft und Mut."
Machen Sie Ihre Affirmation zu einem Hit. Sie werden staunen, wieviel Spaß das macht und wie gut es funktioniert. Es steht nirgends geschrieben, daß es bei Affirmationen todernst zugehen muß. Je origineller und ausgefallener, um so einprägsamer. Lernen Sie auch hier wieder von den Werbestrategen: Der Slogan für die „Milka"-Schokoladen-Werbung („Milka – die zarteste Versuchung, seit es Schokolade gibt") wird im Fernsehen nicht einfach nur monoton abgelesen, er wird vielmehr von einem engelhaften Chor auf traumhaft süße Weise *gesungen*. Und für die „Knorr"-Tüten-Suppen wird der Slogan nicht im Nachrichtenstil vorgetragen, sondern ebenfalls als Melodie gesungen: „Knorr – essen mit Lust und Liebe." Den Rest besorgt dann unser Unterbewußtsein von selbst. Für unser Unterbewußtsein klingt der Slogan so: „Knorr – kann ich essen mit Lust und Liebe." Welch eine wunderbare Affirmation. Achten Sie nur einmal auf die

beiden extrem positiven Wörter „Lust" und „Liebe". Wer sehnt sich nicht danach?

Weg 5: Zeichnen

Zeichnen oder malen Sie ein Bild, in das Sie Ihre Affirmation „einarbeiten". Sie können auch die Wörter Ihrer Affirmation als Gegenstände, zum Beispiel als Häuser, Berge, Schiffe, darstellen. Hier kann man sehr kreativ sein. Ebenso ist es möglich, einen Comic strip zu entwerfen, also eine gezeichnete Bilderfolge in Streifen mit komischem oder abenteuerlichem Inhalt. Eventuell zeichnen Sie auch sogenannte Sprechblasen, in die Sie Ihre Affirmation eintragen.

Dies sind einige Möglichkeiten, wie Sie mit Affirmationen wirksam umgehen können.

Widerstände überwinden

Wenn wir beginnen, mit Affirmationen zu arbeiten beziehungsweise sie zu schreiben, stoßen wir oftmals auf eine ernsthafte Schwierigkeit.
Nehmen wir an, eine schüchterne Frau entscheidet sich für die Affirmation „Ich bin eine selbstsichere, starke Persönlichkeit". Sie beginnt mit dem Schreiben. Doch was passiert? Können Sie es sich denken? Es bauen sich Widerstände gegen diese neuen Worte auf, die doch ganz und gar nicht stimmen, die doch der Wirklichkeit völlig widersprechen. Dieses Hindernis muß ernstgenommen werden, ansonsten wird die Affirmation von unserem Unterbewußtsein sabotiert. Wenn mit einer Affirmation (wie in diesem Beispiel) keine innere Zustimmung zu erzielen ist, muß eine **„Einwandbehandlung"** durchgeführt werden. In eine „Einwandspalte" tragen wir Reaktionen, Antworten und Bedenken ein, die uns zu dieser Affirmation spontan einfallen. Anschließend müssen diese Einwände entkräftet werden, bis wir mit der Affirmation innerlich übereinstimmen, sie annehmen können. Es ist nicht verwunderlich, wenn alte Ansichten, Meinungen und Glaubensmuster nicht so ohne weiteres das Feld räumen wollen. Immerhin haben sie sich innerhalb (oftmals) vieler Jahre tief in uns verwurzelt. Sie fühlen sich wohl im warmen Nest und neigen dazu, am gewohnten Platz zu verharren. So schicken sie uns eben Zweifel und besagte Einwände, um das für sie drohende „Unheil" abzuwenden. Deshalb müssen auch wir beharrlich bleiben und dürfen uns nicht von unserem Entschluß abbringen lassen.
Schauen wir uns an, wie in unserem obigen Beispiel die Einwandbehandlung aussehen könnte:

AFFIRMATION	EINWANDSPALTE
Ich, Heike, bin eine selbstsichere, starke Persönlichkeit.	Ich und Persönlichkeit. Daß ich nicht lache.
Ich, Heike, bin eine selbstsichere, starke Persönlichkeit.	Ich bin die letzte, auf die das zutrifft.
Ich, Heike, bin eine selbstsichere, starke Persönlichkeit.	Wer's glaubt, wird selig. Jedesmal, wenn mich jemand anspricht, werde ich verlegen.
Ich, Heike, bin eine selbstsichere, starke Persönlichkeit.	Ich kann das langsam nicht mehr hören.
Ich, Heike, bin eine selbstsichere, starke Persönlichkeit.	Zu schön, um wahr zu sein.
Ich, Heike, bin eine selbstsichere, starke Persönlichkeit.	Ich glaube schon lange nicht mehr daran.
Ich, Heike, bin eine selbstsichere, starke Persönlichkeit.	Ich wünschte, das wäre wahr.
Ich, Heike, bin eine selbstsichere, starke Persönlichkeit.	Ich könnte dann eine bessere Stellung bekommen.
Ich, Heike, bin eine selbstsichere, starke Persönlichkeit.	Ich würde mich wieder mehr unter Menschen wagen.
Ich, Heike, bin eine selbstsichere, starke Persönlichkeit.	Was würde ich nicht alles dafür geben!
Ich, Heike, bin eine selbstsichere, starke Persönlichkeit.	Ich wüßte nicht, wie ich das schaffen sollte.
Ich, Heike, bin eine selbstsichere, starke Persönlichkeit.	Nun, ich könnte Bücher lesen.
Ich, Heike, bin eine selbstsichere, starke Persönlichkeit.	Oder an einem Kursus für Persönlichkeitsentwicklung teilnehmen.
Ich, Heike, bin eine selbstsichere, starke Persönlichkeit.	Morgen werde ich mich mal bei der Volkshochschule erkundigen.
Ich, Heike, bin eine selbstsichere, starke Persönlichkeit.	Ja, warum eigentlich nicht?

So etwa sieht die Einwandbehandlung aus. Haben Sie gemerkt, worauf es ankommt? Einwände dürfen nicht übergangen, sie müssen *entkräftet* werden. Unser Unterbewußtsein muß *überzeugt* werden. Lesen Sie noch einmal in der rechten Spalte nach, wie die Einwände dahinschmelzen. Von der Abwehr zur Zustimmung. Das heißt für Sie: Nur nicht aufgeben! Keine Angst vor Widerständen, die gehören anfangs mehr oder weniger immer dazu. Überzeugen Sie sich schrittweise selbst, bis Sie innerlich Zustimmung spüren. Nicht verzagen. Steter Tropfen höhlt den Stein! Liefern Sie Ihrem Unterbewußtsein und Ihrem Verstand Beweise oder zumindest Vorschläge, warum es *doch* gehen könnte.

ZUSAMMENFASSUNG: DAS WESENTLICHE ZUM THEMA AFFIRMATIONEN

Eine Affirmation ist eine **POSITIVE BEHAUPTUNG,** die sich auf uns oder unsere Umwelt bezieht und die in dem Maß, wie wir an sie glauben und sie mit Energie aufladen, unsere Erlebnisse und Erfahrungen auf tiefgreifende und oft wunderbar anmutende Weise verwandeln kann.
Die **WIRKUNG** einer Affirmation beruht darauf, daß ein negatives „Programm" in unserem Unterbewußtsein durch ein positives, lebensbejahendes ersetzt wird. Mit Affirmationen können selbstbeschränkende oder gar selbstzerstörerische Denk- und Verhaltensmuster außer Kraft gesetzt werden.
Affirmationen können sich für uns nur als *Segen* auswirken.
GELEGENHEITEN, um sich diese segensreiche Wirkung der Affirmationen zunutze zu machen, gibt es im Alltag in Hülle und Fülle. Greifen Sie zu Affirmationen,

- wenn Sie sich niedergeschlagen oder krank fühlen (natürlich ebenso auf die Botschaft der Symptome lauschen);
- wenn Sie sich dabei ertappen, daß Sie negative Energien aufkommen lassen;
- während Sie ungeduldig auf den Bus warten;
- wenn Sie sich wegen eines Vorfalls Vorwürfe machen;
- wenn Sie bemerken, wie ein mechanisch ablaufendes Verhaltensmuster es verhindert, daß Sie das bekommen, was Sie gerne hätten.

Affirmationen lassen sich in allen Lebensbereichen anwenden. Wichtig für den Erfolg ist, daß eine Affirmation von emotionaler Kraft getragen wird und daß sie für *Sie* etwas bedeutet. Gefühl bringt die Energie in Fluß. So wichtig auch die Worte sind, was zählt, sind immer wieder die **GEFÜHLE.**
Am intensivsten sind die Gefühle, wenn es sich um Ihre eigenen, selbst geschriebenen Worte handelt. Affirmationen, die Sie selbst formulieren, sind am stärksten, denn sie widerspiegeln, was Sie tatsächlich fühlen. Mit Ihren eigenen Worten nehmen Sie Ihr Schicksal selbst in die Hand. Doch auch die zu diesem Buch mitgelieferten Karten sind eine wertvolle Hilfe.
Ob eine Affirmation für Sie richtig ist, ob sie ins Schwarze trifft, merken Sie daran, daß sie in Ihnen einen Energieschub auslöst. Wichtig ist dann nur noch, daß Sie beharrlich am Ball bleiben, also täglich wiederholen.

Stellen Sie sich einen Misthaufen im Garten vor. Wenn Sie an der Stelle, wo er sich befindet, Blumen säen wollen, müssen Sie ihn vorher beseitigen. Dies ist mit *einer* vollen Schaufel nicht getan. Sie müssen schon *etliche* Schaufeln forttragen, ehe die Erde freiliegt. Eine negative Gewohnheit ist wie ein Misthaufen im Garten. Wenn Sie sich nur einmal mit der Affirmation beschäftigen, tragen Sie gleichsam nur eine Schaufel Mist weg. Erst durch *wiederholte* Anwendung wird der Boden frei und aufnahmebereit für die neue Saat.

Genauso wie eine Saat schnell oder langsam keimen und wachsen kann, können sich die Wirkungen einer Affirmation schnell oder langsam manifestieren.

Wichtig ist, während dieser Zeit vertrauensvoll abzuwarten. Während dieser Wartezeit ist es von Vorteil, so zu tun, *als ob* das Gewünschte bereits eingetreten sei. Wenn Sie nach 20 Tagen noch gar keine Veränderung feststellen, sollten Sie Ihre Affirmation überprüfen. Es könnte sein, daß sie doch nicht ganz richtig gewählt oder formuliert war.

Das Leben ist nicht als Kampf gedacht, sondern vielmehr als ein Wandern durch ein sonniges Tal von einem Punkt zum nächsten. Affirmationen machen diese Wanderung leichter und bequemer. Dabei spielt das Alter keine Rolle. Bereits Kinder können sich mit Affirmationen die Wanderung versüßen. Wo es zum Beispiel Schwierigkeiten mit den Hausaufgaben gibt, könnte folgende Affirmation segensreich wirken: „Ich, Ute (Olaf, Katrin, Thorsten ...), erledige meine Hausaufgaben immer ordentlich und gewissenhaft."

Wenn am Anfang noch keine Übung mit dem Formulieren der neuen Affirmation besteht, hilft als Einstieg das **PRINZIP DER UMKEHRUNG.** Es wird einfach das Gegenteil des Problems oder der negativen Überzeugung kurz und bündig formuliert.

Ein **BEISPIEL:**

Aus „Ich bin nicht gut genug" wird „Ich bin gut genug." Aus „Ich bin zu alt, um mich zu verändern" wird „Ich bin jung genug, um mich zu verändern."

Manchmal reicht es sogar aus, wenn wir nach einiger Zeit unsere vertraute Affirmation auf ein oder zwei Worte verkürzen.

Ein **BEISPIEL:** „Ich habe immer genug Geld, um mir alle meine Wünsche zu erfüllen." Daraus machen wir die Ein-Wort-Affirmation „Reichtum". Dieses Wort beinhaltet die gesamte ursprüngliche Aussage. Wir können das Wort sagen, schreiben, summen, singen – überall, unbemerkt. Es kann dann für eine gewisse Zeit *unser* Wort werden. Wir bezeichnen ein solches zentrales Wort auch als **MANTRA**. Andere Mantras sind „Heilung", „Mitgefühl", „Harmonie", „Erfolg". Auch die Worte „Ich bin" sind ein starkes Mantra. Alles, was dem „Ich bin" folgt, hat einen starken Verwirklichungsdrang, zum Beispiel:

„Ich bin kaputt." „Ich bin krank." „Ich bin am Ende." „Ich bin zu dick."

Wenn Ihnen das nächste Mal die Worte „Ich bin" über die Lippen kommen, überlegen Sie sich gut, was nun folgt. Soll das, was Sie nach dem „Ich bin" aussprechen, Wirklichkeit werden? Werden Sie sensibel für Ihre Worte, für die Sprache.
„Ich bin allein." „Ich bin machtlos." „Ich bin total verschuldet." Oder aber: „Ich bin beliebt." „Ich bin einflußreich." „Ich bin wohlhabend."
Übrigens: Auch die beiden Worte „Ich kann" haben es in sich.
Wählen Sie zukünftig sorgsam aus. Worte sind weitaus mehr als Schall und Rauch, sie wirken.

Nun wollen wir uns noch das Gegenteil einer kurzen Affirmation ansehen – einen **AFFIRMATIONS-TEXT.**
Wir sagten zwar, daß Affirmationen möglichst kurz und bündig sein sollten, dennoch haben auch ganze Affirmations-Texte, zur richtigen Zeit gesprochen oder vorgelesen ihre positive Wirkung. Was halten Sie von folgendem Affirmations-Text, gleich morgens vor dem Frühstück?
Ich danke für diesen Tag. Dieser Tag verläuft gut. Ich fühle mich erfolgreich. Ich fühle mich stark. Möge die Frische dieses neuen Tages meinem Körper Vitalität geben. Mögen Ausgeglichenheit und Kraft in diesem Tag sein.
Mein Durchhaltevermögen ist stark. Die Menschen sprechen auf meine Energie an. Ich fühle mich kreativ, ich fühle Liebe, weil ich mich selbst liebe und achte.
Ich habe meine Zeit unter Kontrolle. Ich weiß mich geführt, ich fühle mich in Ordnung, und so ziehe ich Ordnung zu jeder Zeit an.
Alle meine Bedürfnisse sind erfüllt. Alles, was ich brauche, bekomme ich.
Alles, was geschieht, dient mir zum Besten.
Es ist Schönheit in allen Dingen.
Heute ist ein guter Tag.

Wie klingt das? Wie wirkt das auf Sie? Stellen Sie sich vor: Dieser Affirmations-Text, täglich, „live" vor dem Frühstück. Wer weiß, vielleicht brauchen Sie anschließend gar keinen Kaffee mehr?
Kennen Sie die Geschichte von dem Mann, der endlich seine lange Gefängnisstrafe abgesessen hatte? Als er entlassen war, fühlte er sich verloren. Mit seinem Leben in Freiheit konnte er nichts anfangen, und so beging er eine kleine Straftat, um wieder ins Gefängnis zu kommen, wo er sich sicher fühlte und wo sein Leben für ihn organisiert wurde.
Unser altes Denken verhält sich wie dieser Sträfling. Es will Einschränkung und Begrenzung, weil es an sie gewöhnt ist. Wir können uns nicht vorstellen, unsere scheinbaren Grenzen zu überschreiten.

Affirmationen sind ein Mittel, um diese Einschränkungen und Begrenzungen unseres Denkens zu überwinden – vorausgesetzt, wir *wollen* es.
Sie wollen. Sonst hätten Sie nicht bis hierher gelesen.
Ihre Chancen stehen gut. Sie wissen jetzt das, was es über Affirmationen zu wissen gibt. Beginnen Sie nun.
Gibt es da ein Problem, das sich so anhört: „Mir fehlt die Zeit für Affirmationen. Ich schaff' das nicht."?
Nun, dagegen gibt es ein bewährtes „Mittel". Es besteht aus sechs Wörtern und lautet:
„Ich habe immer Zeit für Affirmationen."
Sie sehen, so nützlich sind Affirmationen ...

Es ist auch nützlich zu wissen, was es mit den Begriffen „Unterbewußtsein" und „unbewußt" auf sich hat, erwähnt worden sind diese beiden Wörter ja schon einige Male. Dazu jetzt mehr.

Die Schaltzentrale in uns: das Unterbewusstsein

Neben dem uns vertrauten Wachbewußtsein gibt es noch eine andere Ebene in uns, die wir als **Unterbewusstsein** bezeichnen. Wachbewußtsein (kurz Bewußtsein genannt) und Unterbewußtsein sind die beiden bedeutenden Bewußtseinsschichten unseres Wesens. Worte wie „Unterbewußtsein" oder „unbewußt" sind heute in aller Munde. Was jedoch das Unterbewußtsein genau ist, weiß im Grunde genommen keiner so recht. Es gibt keine einheitliche, allgemeingültige Erklärung dieses Begriffes.
Im Laufe der letzten Jahrzehnte hat die Definition von Unterbewußtsein erhebliche Wandlungen erfahren. Bedingt durch die jeweiligen gesellschaftlichen Strömungen und sogenannte wissenschaftliche Lehrmeinungen, war das Unterbewußtsein zeitweise völlig verdrängt. Erst durch *Sigmund Freud,* den Begründer der **Psychoanalyse**, wurde das Unterbewußtsein vor etwa 100 Jahren „wiederentdeckt". Neu ist das, was wir heute als Unterbewußtsein bezeichnen, tatsächlich nicht. Schon seit Jahrtausenden ist das Wissen über die Existenz und die Wirkungsweise des Unterbewußtseins sowohl mündlich als auch schriftlich in zahlreichen zum Teil sehr alten Schriften überliefert.
Wir wissen also heute, daß es so etwas wie ein Unterbewußtsein gibt, wissen jedoch nicht, was genau es ist. Fest stehen dürfte allerdings, daß es sich nicht um etwas Materielles handelt, es ist nichts Handfestes, dem man eine bestimmte Form oder Gestalt geben könnte. Ebenso vermag niemand zu sagen, wo genau es sich befindet. Niemand hat es je gesehen. Es läßt sich weder auf einem Röntgenbild sichtbar machen, noch kann man es wie ein Organ herausoperieren.
Alles deutet darauf hin, daß es sich beim Unterbewußtsein um ein „energetisches Gebilde" handelt, das seinen Sitz irgendwo in uns (vielleicht im Kopf, im Herzen oder im Solarplexus?) oder sogar außerhalb von uns hat (möglicherweise im sogenannten Astralkörper, einem Energiekörper, der uns hautnah umgibt). Mit dem Unterbewußtsein verhält es sich so wie mit dem elektrischen Strom: Wir wissen bis heute nicht, was Elektrizität eigentlich ist, vermögen jedoch ihr Vorhandensein an ihren Wirkungen nachzuweisen, und wir können vor allem mit ihr „arbeiten".
Auch das Unterbewußtsein läßt sich anhand der Auswirkungen nachweisen, und auch mit dem Unterbewußtsein läßt sich „arbeiten" und – wie wir noch sehen werden – sogar sehr nutzbringend.

Schauen wir uns zunächst an, was uns an „gesichertem" Wissen über das Unterbewußtsein bekannt ist.
Im wesentlichen erfüllt das Unterbewußtsein zwei unterschiedliche Aufgabenbereiche:
1. Die organisch-materiellen Aufgaben, die sich auf den harmonischen Ablauf und auf das vielfältige Zusammenspiel unseres Körpers und seiner Funktionen beziehen.
2. Die mentalen Aufgaben, die einen bedeutenden Einfluß auf unser Denken, Fühlen und Verhalten haben.

DIE ORGANISCHEN AUFGABEN DES UNTERBEWUSSTSEINS

Haben Sie sich schon einmal bewußtgemacht, was beim Schreiben alles an Bewegungen abläuft? Allein das Koordinieren der vielen zum Teil feinsten Muskelbewegungen, die benötigt werden, um auch nur ein Wort, zum Beispiel unsere Unterschrift, zu Papier zu bringen, ist ein gigantisches Meisterstück. Müßten wir all die dafür benötigten Muskelfasern bewußt aktivieren, gäbe es bereits nach wenigen Augenblicken ein trostloses Chaos. Unser Unterbewußtsein übernimmt diese Aufgabe meisterhaft. Es „weiß", welcher kleine Muskel sich anspannen und welcher sich wann genau entspannen muß. Ohne Unterbewußtsein wären wir dazu nicht in der Lage.
Bedenken wir nur, welche Bewegungsschritte nötig sind, um eine gefüllte Kaffeetasse sicher an den Mund zu führen, ohne uns dabei zu begießen. Was wir tagtäglich tun und daher kaum noch würdigen, ist eine neuro-muskuläre Präzisionsarbeit, genau genommen eine Sensation.
Wie ist das beim Autofahren: Unsere Hände „wissen", wie sie lenken oder schalten müssen. Unsere Füße treten zur richtigen Zeit für die richtige Dauer auf das richtige Pedal. Alles geht so spielend – dank unseres Unterbewußtseins. Erinnern Sie sich noch, wie es in der Fahrschule angefangen hat, als Sie die ersten bewußten Versuche unternahmen, Auto fahren zu lernen?
Was alles muß erst bei einem Violinvirtuosen zusammenwirken, der seinen Bogen sicher über die Saiten gleiten läßt? In jeder Millisekunde müssen Impulse über Gehirn, Nerven und Muskeln zu sinnvollen Handlungen und Fingerbewegungen kombiniert werden. Ein (akustisches) Schauspiel, das ohne Unterbewußtsein nicht denkbar wäre. Bewußt würde es nur zu ein paar einzelnen Tönen langen ...
Und werfen wir nur einmal einen Blick in das Innenleben unseres Körpers: Allein um ein Stück Brot zu verdauen, muß eine ganze Kette physiologischer

Reaktionen ausgelöst werden. Wir selbst sind doch kaum in der Lage, mit unserem Bewußtsein bei dem Vorgang der Nahrungsaufnahme und -zerkleinerung ungestört zu bleiben. Achtlos und ohne wahre Anteilnahme geht die Nahrungsaufnahme über die Bühne beziehungsweise über den Gaumen. Wer ist schon, während er ißt, wirklich, das heißt *bewußt*, beim Essen? Müßten wir auch noch dafür Sorge tragen, daß unser Körper die richtige Menge an Verdauungssäften zur richtigen Zeit an der richtigen Stelle absondert, so wären wir bereits mit der Koordinierung der Speicheldrüsen im Mund restlos überfordert. Bedenken wir nur die zahlreichen Veränderungen, die die aufgenommene Nahrung auf dem weiten Weg durch unseren Körper erfährt. Ein menschliches Schauspiel, dem wir nur ehrfurchtsvoll Respekt zollen können. Bewußt sind wir nicht in der Lage, auch nur einen Bissen richtig zu verarbeiten. Er würde uns im Halse stecken oder spätestens im Magen liegen bleiben.

Und welch ein gigantischer Mechanismus wird in Gang gesetzt, wenn wir uns auch nur am Finger verletzen! Ein Tropfen Blut – und sei er noch so winzig – genügt, um das System der Blutgerinnung auszulösen, das im Bruchteil von Sekunden mit der Präzision einer ganzen Computeranlage den Schaden zu beheben versucht.

All dies leistet unser Unterbewußtsein für uns, bei Tag und bei Nacht, ohne irgendwelche Forderungen an uns zu stellen – ein Leben lang.

Seitenweise könnten Beispiele über Beispiele angeführt werden, ohne daß wir die Leistung des Unterbewußtseins allein für unser körperliches Bestehen und Überleben auch nur annähernd erfassen würden.

Die mentalen Aufgaben des Unterbewusstseins

Folgende **drei Hauptfunktionen** können wir hier unterscheiden: das Unterbewußtsein als Speicher, als Freund, Helfer und Lehrmeister sowie als „Kommunikationsorgan":

1. Das Unterbewusstsein als Speicher

Eine Unmenge von Informationen umgibt uns Menschen dieser hochtechnisierten Welt. Von allen Seiten strömt andauernd eine Reizflut auf uns ein, überrollt uns wie eine Lawine. Kein einzelner wäre in der Lage, auch nur einen Bruchteil dieser Informationsflut aufzunehmen, geschweige denn zu verarbeiten. Hier tritt unser Unterbewußtsein auf den Plan. Es ist vergleichbar mit einem

unbelichteten Film, auf dem jedes optische Signal festgehalten wird. Aber es läßt sich auch vergleichen mit einem unbespielten Tonband, das alle akustischen Reize speichert und bei Bedarf wieder abspielen kann. Aber auch Gefühle, die wir im Zusammenhang mit einer bestimmten Lebenssituation einmal hatten, werden im Unterbewußtsein aufgezeichnet und je nach ursprünglicher Intensität „konserviert". Ob wir ein Wissen bewußt erlernt oder ob wir es nebenbei, also unbewußt, aufgenommen haben, im Unterbewußtsein ist es vorhanden.
Wir können uns das Unterbewußtsein als ein Riesenarchiv vorstellen, als eine Datenbank unbekannten Ausmaßes. Diese Datenbank vermögen wir willentlich „anzuzapfen", manchmal geschieht dies jedoch auch ohne unser Zutun.
So ist es möglich, daß uns das Hören einer bestimmten Melodie wieder in die Zeit unseres ersten Rendezvous zurückversetzt, uns daran *erinnert* und es uns mehr oder weniger neu erleben läßt.
Oder wir haben beim Durchqueren einer dunklen Gasse gemischte Gefühle, weil wir vielleicht zu einem früheren Zeitpunkt einmal in ähnlicher Situation ein seltsames Geräusch, vielleicht war es nur das Knacken eines Zweiges, gehört hatten.
Menschen, die den Krieg an der Front miterlebt haben, brauchen oft nur ein bestimmtes Bild zu sehen, ein Geräusch zu hören oder einen Geruch zu riechen, um sofort Erlebnisse, die zum Teil Jahrzehnte zurückliegen, wieder lebendig vor Augen zu haben.
Auch der Einfluß der **Reflexe** oder der sogenannten **Konditionierungen** auf unser Leben ist nur vor dem Hintergrund unseres Unterbewußtseins zu verstehen. Wer als Kind einmal die heiße Herdplatte angefaßt hat, weiß, daß er das zukünftig nicht wiederholen sollte (Reflex). Und wer für gute Schulnoten in der einen oder anderen Weise belohnt wurde, lernt sehr schnell, daß sich Fleiß und Einsatz im Leben meist auszahlen (Konditionierung).
Wer die Erfahrung gemacht hat, daß er durch Fragen weiterkommen kann, wird bei allen möglichen Schwierigkeiten darauf zurückgreifen, denn sein Unterbewußtsein hat sich diese Erfahrung erfreulicherweise gut gemerkt.
Halten wir fest:

Das Unterbewusstsein ist ein (unbegrenzter?) Speicher für jegliche Form von Erfahrungen, erlerntes Wissen, Verhaltensweisen und individuelle Lebensmuster

Unser Unterbewußtsein ist jedoch nicht nur ein Schwamm, der wahllos alles in sich aufsaugt, es kann auch *gezielt* nach Informationen Ausschau halten.

Nehmen wir an, jemand plant ein bestimmtes Vorhaben, zum Beispiel ein Buch über ein bestimmtes Thema zu schreiben, so wird er feststellen, wie er plötzlich im Alltag Hinweise findet, die er verwerten kann. Überall trifft er auf Mosaiksteinchen, die ihn weiterbringen. Sein Unterbewußtsein ist oder hat ihn für das Vorhaben *sensibilisiert*, er achtet besonders auf alles, was diesem Plan dienlich sein kann. Wir sprechen in diesem Zusammenhang von **selektiver Wahrnehmung**. Was für das Vorhaben wichtig ist, wird ins Bewußtsein gerückt. Alles andere wird zunächst einmal unbemerkt „in den Speicher geschickt". Unbedeutende Störreize werden nicht weiter registriert, das, worauf es ankommt, prägt sich ein. Auf diese geschickte Weise hält uns unser Unterbewußtsein für das jeweils Wesentliche frei.

2. Das Unterbewusstsein als Freund, Helfer und Lehrmeister

Das Unterbewußtsein ist nicht nur ein Archiv, in dem Daten, Fakten, Erinnerungen und Gefühle geordnet und abgelegt werden. Hier wird nicht nur gespeichert, sondern es wird mit dem Gespeicherten „gearbeitet". Unser Unterbewußtsein vergleicht, stellt Zusammenhänge her, kombiniert, zieht Schlüsse. Es ist nicht nur ein sachlicher, emotionsloser Aktenbote, der Schubfächer auf- und wieder zumacht. Es führt nicht nur mechanisch aus, sondern es denkt in gewisser Hinsicht mit.

Wenn es weiß, was wir wollen, ist es uns mehr als ein Diener, es ist unser *Partner*. Es kann uns nämlich genau jene Informationen ins Bewußtsein bringen, die wir gerade für eine bestimmte Aufgabe oder eine besondere Herausforderung benötigen. Es ist auf der anderen Seite in der Lage, Informationen zurückzuhalten, die uns doch nur verwirren oder belasten würden. Wenn wir zu unserem Unterbewußtsein ein gutes Verhältnis haben, vermag es uns das Leben erheblich zu erleichtern. Es kann uns lenken, leiten und beschützen. Beschützen auch vor Erinnerungen oder Gefühlen, die zwar im Unterbewußtsein „erzeugt" werden, uns aber im Moment nicht weiterbringen würden. Das muß nicht unbedingt etwas mit dem Vorgang zu tun haben, den wir als **Verdrängen** oder **Verdrängung** bezeichnen. Hier ist eher eine kluge Auswahl dessen gemeint, was jetzt, zu diesem bestimmten Zeitpunkt, gut für uns ist. Wir können uns eine Schranke vorstellen, die sich nur dann öffnet, wenn es uns zum Wohle gereicht. Unser Unterbewußtsein ist sehr an unserer persönlichen Weiterentwicklung interessiert. Es möchte, daß wir entsprechend unserer Möglichkeiten stufenweise emporschreiten. Es will, daß wir den Riesen in uns erwecken. Werden wir träge oder wehren wir uns gegen einen längst fälligen Entwicklungs(= Wachstums)Schritt, so ist unser Unterbewußtsein imstande und manchmal direkt dazu verpflichtet, uns auf den nötigen Änderungsschritt hinzuweisen – notfalls auch dadurch, daß es auf der Ebene unseres Körpers Zeichen setzt, die – richtig betrachtet – keine *Krankheits*symptome, sondern *Gesundungs*zeichen sind. Unser Unterbewußtsein möchte, daß wir wachsen – nicht nur in die Länge und Breite. Warum sollten wir ihm bei dieser Wunscherfüllung nicht ein bißchen mehr, und zwar frei-willig, entgegenkommen?

3. Das Unterbewusstsein als „Kommunikationsorgan"

Bevor zwei Menschen, die einander begegnen, miteinander auch nur ein Wort wechseln, haben deren Unterbewußtseine schon miteinander „gesprochen". Die wahre **Kontaktaufnahme** findet vor den eigentlichen hörbaren Worten statt. Das Entscheidende einer zwischenmenschlichen Begegnung ist unsichtbar, genauer gesagt: unhörbar, es läuft unterschwellig, das heißt eben *unbewußt* ab. Egal was wir sagen, gestikulieren oder tun, all dies ist nur die eine Seite der Medaille. Die andere Seite ist der ständige Austausch von Informationen zwischen zwei Menschen, der einen starken Einfluß auf beide Betroffenen hat. Bemerkenswert dabei ist, daß wir uns diesen Einfluß meist gar nicht vergegenwärtigen, wir sind uns dieser Einwirkung nicht bewußt.
Wohl jeder hat es schon einmal erlebt: Da haben wir mit einem Menschen zu tun, können an seinen Worten, Gesten, an seinem Verhalten oder Erscheinungsbild nichts Negatives feststellen, und doch überkommt uns ein eher ablehnendes Gefühl. Wir spüren, daß da etwas ist, das im Widerspruch zu dem steht, was unsere Sinne uns vermitteln. Wir haben tief innen ein ungutes Gefühl. Unser Unterbewußtsein meldet: *Vorsicht. Gib acht!*
Oder: Nehmen wir einen Verkäufer, der einen Kunden zu überzeugen versucht. Hegt er in seinem Innern irgendwelche ablehnenden Gefühle dem Kunden gegenüber (aber nicht nur ihm gegenüber), so wird es – was auch immer er dem Kunden sagt oder zeigt – für ihn nicht zu einem Geschäft kommen. Der Nutzen, den er dem Kunden zu bieten hat, mag noch so vorteilhaft sein, der Kunde spürt die „andere" Schwingung – und sagt nein.
Wenn die beiden Unterbewußtseine nicht im Einklang stehen, sind also die schönsten Worte vergebliche Liebesmüh. Wenn man andererseits mit einem anderen auf der gleichen Wellenlänge ist, stellen Worte nur noch eine äußere Bestätigung dar. Es läuft dann sowieso ...

Halten wir fest:

Auf der unterbewussten Ebene findet ein Informationsaustausch statt, der nicht an die uns bekannten Sinnesorgane gebunden ist

Dieser Informationsaustausch findet genaugenommen nicht nur zwischen zwei sich persönlich begegnenden Menschen statt, sondern zwischen *allen* Menschen, und zwar *jederzeit.*

Das heißt: Jeder ist mit jedem auf unterbewußter Ebene verbunden. Jeder korrespondiert und kommuniziert mit jedem. Jeder gibt Schwingungen an andere ab und erhält Schwingungen von anderen. Das wiederum bedeutet: Jeder beeinflußt jeden. Und zwar ohne daß wir dies zwangsläufig bemerken. Dieser Gedankenaustausch läuft unterhalb der Bewußtseinsschwelle ab. Keiner kann sich dabei ausnehmen, es gibt keine totale Isolation. Letztlich sind wir alle eins. Oder biblisch formuliert: Wir alle sind Brüder und Schwestern.

Die Gedanken, die wir haben, werden von unserem Unterbewußtsein an die Unterbewußtseine der anderen Menschen weitergereicht. Hier berühren wir schon den Bereich der **aussersinnlichen Wahrnehmung** (Phänomene wie Telepathie und Hellsehen), die von der seriösen Forschung längst von allem Mystischen und Nebelhaften befreit worden ist. Ein Gedanke, den Sie eben gerade haben, kann einem anderen Menschen, der ganz woanders lebt, jetzt bei dessen Entscheidungsfindung weiterhelfen.

An dieser Stelle wird uns hoffentlich klar, was es mit der Bedeutung der Gedanken auf sich hat. Denken wir positiv, so helfen wir anderen Menschen – im gegenüberliegenden Häuserblock, in einer anderen Stadt, am anderen Ende „dieser" Welt –, ebenfalls positiv zu denken. Denken wir hingegen an Krieg – auch das zeigt Wirkung. Ahnen Sie allmählich, was es mit der Verantwortung für die eigenen Gedanken auf sich hat?

Gedankendisziplin ist für alle überlebenswichtig. Wir leben in einem unendlich komplexen Gedankenmeer. Genau wie ein Pfeil, den man abschießt, zwar weg, aber dennoch nicht verloren ist, gehen auch Gedanken nicht verloren. Alles sammelt sich an im großen zeit- und raumlosen „Gedankenbecken". Aus diesem Becken wiederum kann sich jeder „bedienen". Jeder kann somit den oder die Gedanken eines anderen weiter beziehungsweise zu Ende denken. Dies wurde und wird auf dieser Welt tagtäglich getan. Für dieses universelle Gedankenbecken gibt es in der indischen Philosophie den Begriff **Akasha-Chronik,** in der westlichen Welt nennen wir es das **kollektive Unbewusste** (ein von C. G. Jung in der ersten Hälfte des 19. Jahrhunderts geprägter Begriff).

Gedankenübertragung ist also allgegenwärtig. Es ist *das* Kommunikationssystem, für das wir weder Kabel noch Satelliten benötigen.
Wenn das nächste Mal das Telefon läutet, machen Sie ein Experiment. Fragen Sie sich: „Wer ruft mich jetzt an?"
Und wenn Sie das nächste Mal einen Bekannten, Freund oder Verwandten anrufen wollen, „kündigen" Sie Ihren Anruf doch einfach zuvor per Gedanken-Funk „an". Senden Sie die Botschaft aus: „Ich rufe dich jetzt an." Und dann erst wählen Sie – und lassen sich überraschen ...
Was das Thema Bewußtsein, Unterbewußtsein und Kraft der Gedanken betrifft, so stehen uns erkenntnismäßig noch einige Erdrutsche bevor. Erst das Bewußtmachen dieser geistig-energetischen Zusammenhänge und Gesetzmäßigkeiten schafft die Voraussetzung für ein eigenverantwortliches, erfülltes und friedvolles Leben.

ALLGEMEINE ZUSAMMENHÄNGE ZWISCHEN BEWUSSTSEIN UND UNTERBEWUSSTSEIN

Bewußtsein und Unterbewußtsein befinden sich miteinander in einem innigen Kontakt. Genauso wie laufend Botschaften und Signale ins Unterbewußtsein sinken, steigen pausenlos Botschaften aus dem Unterbewußtsein ins Bewußtsein auf. Die Verbindung zwischen beiden ist keine Einbahnstraße, sondern eine mehrspurige Autobahn. Ob ein Handlungsimpuls dem Bewußtsein oder dem Unterbewußtsein entstammt, kann letztlich niemand genau sagen.
Das sogenannte *Eisbergmodell* besagt, daß 20% unseres Gesamtbewußtseins auf unser Wachbewußtsein entfallen, 80% hingegen auf das Unterbewußtsein. Das bedeutet jedoch keinesfalls zwangsläufig, daß unser Unterbewußtsein viermal so machtvoll und einflußreich sein muß wie unser Bewußtsein. Es ist eine Eigenart des Menschen, alles nach Wert und Nutzen einzuteilen. Das Unterbewußtsein ist nicht mehr wert und nicht weniger wert als das Bewußtsein. Was zählt, ist nicht unbedingt die Masse. Bei einer Boeing 747 macht das Cockpit weniger als 5% der Gesamtmasse aus. Dennoch können sich die 95% Masse ohne die 5% nicht in die Lüfte erheben. Auch wenn das Unterbewußtsein „Unter"-Bewußtsein heißt, bedeutet das nicht, daß es in der Hierarchie *unter* dem Bewußtsein steht. Vielmehr ist es *neben* ihm angesiedelt.
Für *Sigmund Freud* und für seine heutigen Nachfolger war das Unterbewußtsein ein Sumpf von äußerst unerfreulichen, (un)menschlichen Eigenschaften, denen der Mensch mehr oder weniger ausgeliefert sei. Doch das Unterbewußtsein ist kein finsterer undurchschaubarer Keller, es stellt keine Rumpelkammer dar, aus

der nur Mißgerüche, Mißgefühle und unerbetene Gedanken ins Oberstübchen des Wachbewußtseins dringen. Das Unterbewußtsein kann vielmehr ein wunderbares Zentralarchiv sein, wenn wir bereit sind, das Unsrige dazu beizutragen. Das bedeutet auch: Der Mensch ist *nicht* eine hilflose Marionette seines eigenen Unterbewußtseins. Wenn wir am Radio mit dem Programm nicht zufrieden sind, stellen wir ein anderes ein. Was unser Unterbewußtsein angeht, so steht es uns ebenso frei, etwas anderes auszuwählen.

Es wird immer wieder behauptet, daß das Unterbewußtsein ein für allemal alles unauslöschbar speichert. Zu dieser Vermutung kam „man", weil im Zustand der Hypnose zumTeil uralte Erinnerungen bewußtgemacht werden konnten. Doch ist allein dies schon ein Beweis? Was machen Sie mit einem Mantel, den Sie schon seit zehn Jahren nicht mehr angezogen haben? Heben Sie ihn noch weitere zehn Jahre auf? Sie verbannen ihn, wenn Sie es wollen, aus dem Schrank und werfen ihn weg. Warum soll nicht unser Unterbewußtsein zu der gleichen Leistung imstande sein? Bilder eines Films werden mit der Zeit blasser. Und das Band einer Kassette läßt sich neu überspielen.

Wer einen Computer hat, kennt den Begriff Festplatte. Auf dieser „Platte" werden Informationen gespeichert. Wenn wir – vielleicht erst nach Jahren – eine bestimmte Information nicht mehr benötigen, packen wir sie einfach in den sogenannten Papierkorb und leeren ihn dann, das heißt, wir löschen die nicht mehr gewünschte Information. Warum soll nicht unser Unterbewußtsein zu ähnlichen Leerungs- beziehungsweise Löschvorgängen in der Lage sein? Ist unser Unterbewußtsein nicht jedem vom Menschen geschaffenen Computer um ein Vielfaches überlegen?

Natürlich mag es Probleme geben, die wir aus Selbstschutz ins Unterbewußtsein abgeschoben haben. Und natürlich können verdrängte Lebens-Problematiken wie ein brodelnder Vulkan wirken. Wenn ungelöste Muster unsere Handlungen blockieren, kann eine Bewußtmachung und Bearbeitung sinnvoll und notwendig im Sinne von „not-wendend" sein. Das Wühlen im Sumpf darf jedoch nicht zur nie endenden Lebensaufgabe werden. Wenn durch übernommene Werte und Meinungen die Wirklichkeit verzerrt und die Erlebnisfähigkeit beeinträchtigt ist, mag die Weiterentwicklung der Persönlichkeit im Sinne einer Bewußtseinserweiterung behindert werden. Hier können „ent-blockierende" Schritte im Rahmen einer flankierenden Hilfestellung durch erfahrene(re) Menschen – einen einfühlsamen guten Freund beispielsweise oder einen behutsamen kompetenten Therapeuten – angebracht und ratsam sein.

Eines muß jedoch immer im Auge behalten werden: Das Leben ereignet sich im Hier und Jetzt. Wir müssen nicht jedes Bäuerchen psychoanalysieren. Es braucht nicht alles ans Tageslicht befördert zu werden. Es muß nicht alles für viel Geld „bearbeitet" werden. Das Unterbewußtsein ist auch in der Lage zu vergessen – ohne schädliche Nachwirkungen. Der Mensch hat verschiedene Möglichkeiten, mit alten Erfahrungen konstruktiv umzugehen. Er ist kein durch seinen persönlichen Werdegang handlungsunfähiges Opfer. Er ist frei – viel freier, als er es sich vorzustellen und zu glauben vermag.

Wie gehen wir mit dem Unterbewusstsein um?

Es lohnt sich, mit seinem Unterbewußtsein und dem der anderen „befreundet" zu sein. Als Dank dafür wird es uns neue Lösungen, Informationen und Wege präsentieren. Wer mit seinem Unterbewußtsein an einem Strang zieht, wird es im Leben leichter haben. Er wird ein starkes Gefühl innerer Ruhe entwickeln und den Lebenskampf durch Lebenskunst ersetzen. Das klingt gut, nicht wahr? Wie nun schließen wir Freundschaft mit unserem Unterbewußtsein, und – ganz allgemein – wie gehen wir mit ihm um?

Wir haben bereits gesehen: Beim Unterbewußtsein handelt es sich nicht um eine geheimnisvolle, finstere Kammer. Es ist auch kein Diener im Sklavenverhältnis. Für uns soll das Unterbewußtsein ein Freund sein, und als Teil unseres Wesens, als Teil unserer Persönlichkeit ist es das auch.

Einen Freund behandelt man auch wie einen Freund. Und man gibt ihm einen Namen. Oder haben Sie einen Freund ohne Namen? Für die zukünftige Zusammenarbeit mit unserem Unterbewußtsein ist es wichtig, daß wir unseren unbewußten Freund mit seinem Namen anreden. Da wir den Namen in der Regel nicht kennen, müssen wir ihn nach seinem Namen fragen. Erst dann können wir ernsthaft mit ihm kooperieren. Es geht gewissermaßen darum, **Erstkontakt** herzustellen.

So gehen Sie dabei vor:

- Setzen Sie sich bequem hin.
- Lockern Sie Ihre Arme und Beine. Lassen Sie die Schultern entspannt fallen, und legen Sie die Hände auf Ihre Oberschenkel.
- Schließen Sie die Augen, und lassen Sie den Atem ruhig kommen und gehen.
- Atmen Sie dreimal tief ein und aus.
- Spüren Sie, wie ein Entspannungsgefühl den Körper durchströmt.
- Wenden Sie sich jetzt in Gedanken Ihrem Unterbewußtsein zu.
- Denken oder sagen Sie leise etwa die folgenden Worte:

Liebes Unterbewußtsein, ich wünsche mir von nun an einen regen Kontakt mit dir. Ich würde gerne eine innige Beziehung zu dir aufbauen. Dazu möchte ich dich gern mit deinem Namen anreden. Bitte sag mir, wie du heißt.

◆ Achten Sie nun auf den ersten Namen, der Ihnen in den Sinn kommt. Es kann ein richtiger Name sein oder irgendeine andere Bezeichnung.
◆ Fragen Sie weiter:
Möchtest du, liebes Unterbewußtsein, mit diesem Namen angesprochen werden, oder wäre dir ein anderer Namen lieber?
◆ Warten Sie auf die Antwort. Wenn Sie ein Zeichen der Zustimmung erhalten, bleiben Sie in Zukunft bei diesem Namen.
◆ Beenden Sie diesen ersten Kontakt etwa so:
Ich danke dir für diesen ersten Kontakt, und ich freue mich auf die zukünftige Zusammenarbeit mit dir. Ich werde jetzt öfter in Kontakt mit dir treten.

In Zukunft brauchen Sie bei jeder weiteren Kontaktaufnahme nur noch das Unterbewußtsein bei seinem Namen zu rufen. Das kann an jedem Ort und zu jeder Zeit erfolgen. Eine entspannte Sitzhaltung ist dabei zwar immer von Vorteil, bei zunehmender Übung jedoch nicht mehr unbedingt erforderlich. Entscheidend ist letzten Endes immer die *innere* Haltung. Und, daß Sie im Denken stets entspannt bleiben. Bitten Sie Ihr Unterbewußtsein – je nach Anlaß – um Mitarbeit bei der Verwirklichung von Wünschen oder guten Vorsätzen oder bei der Lösung von Problemen.
An dieser Stelle noch ein Hinweis zum Thema Namen. Wir sprachen bisher bezüglich des Unterbewußtseins immer nur von „Freund" und „ihn" oder „ihm", also von der männlichen Form. Natürlich kann der Freund (das Unterbewußtsein) ebenso eine „Freund*in*" sein. Finden Sie das „Geschlecht" selbst heraus, beziehungsweise lassen Sie es geschehen.
Indem Sie in der geschilderten Weise einen persönlichen Kontakt zu Ihrem Unterbewußtsein herstellen, wird Ihre Zusammenarbeit viel harmonischer, ja, viel „menschlicher" verlaufen, als wenn Sie nur von der Vorstellung einer dunklen Kammer oder Lagerhalle ausgehen würden.
Von den *Kahunas* – das sind die eingeweihten Priester auf Hawaii – wird das Unterbewußtsein als ein selbständiges Geisteswesen, als eine eigene geistige Persönlichkeit betrachtet, als ein Teil des menschlichen Wesens. In der HUNA-Lehre ist von Rumpel- oder Dunkelkammer keine Rede. Freund, Helfer, Wächter und Partner sind Bezeichnungen, die in diesem Zusammenhang immer wieder zu lesen sind. Genaugenommen dient die Bezeichnung „Unterbewußtsein" lediglich unserem begrenzten Verstand als Hilfe, die komplexen Zusammenhänge in unserem Innern besser zu verstehen. Jegliche Zergliederung in Bewußtsein und Unterbewußtsein ist letztlich nur eine formale Vereinfachung. Denn: Ganzheitlich betrachtet, *haben* wir gar kein Unterbewußtsein, wir *sind* (auch) unser Unterbewußtsein.

Unser Unterbewußtsein hat – wie jeder Mensch – einige Merkmale, gewissermaßen **CHARAKTEREIGENSCHAFTEN**. Über diese und über den Umgang mit ihnen während der Kontaktaufnahme, müssen wir noch einiges erfahren.
Hier einige wesentliche Punkte:

1. Teilen Sie Ihrem Unterbewußtsein *klar* und *eindeutig* mit, um was es geht, das heißt, was Sie von ihm (oder ihr) wollen. Keine verdrehten, zweideutigen oder superlangen Sätze. Stellen Sie sich einen Steuermann vor, der andauernd widersprüchliche Anweisungen gibt. Wo mag wohl sein Schiff hinsteuern? Daher: Seien Sie kein widersprüchlicher Steuermann. Bedenken Sie: Das Unterbewußtsein führt aus, was Sie ihm sagen. Es hält sich mit Wertungen zurück. Auch wenn es nicht mit allem, was Sie sagen, einverstanden ist, wird es Ihnen helfen und Ihre Bitten (keine Befehle bitte!) erfüllen.

2. Die Sprache des Unterbewußtseins ist das **BILD.** Genauer gesagt, das **GEFÜHL.** Gefühlvolle Bilder sind Wasser auf die Mühlen des Unterbewußtseins. Mit je mehr Sinnen wir die Bilder aufladen, um so besser. Erinnern Sie sich, was wir über Gedanken, Worte, Affirmationen, Imaginationen gesagt haben – bei all dem ging es um die Auswirkungen in unserem Unterbewußtsein.

3. Lassen Sie die Bilder *ohne jegliche Anstrengung, ohne innere Verkrampfung* laufen. Wenn Sie sich verkrampfen, tritt ein weiteres „geistiges Gesetz" in Kraft, nämlich das **GESETZ DER DAS GEGENTEIL BEWIRKENDEN ANSTRENGUNG.** Haben Sie schon einmal versucht, abends mit aller Kraft einzuschlafen? Dann wissen Sie, was gemeint ist. Erzwingen läßt sich nichts!

4. Das Unterbewußtsein kann nicht unterscheiden zwischen **SCHEIN** und **WIRKLICHKEIT.** Und dies ist der entscheidende Schlüssel zum Erfolg. Achten Sie deshalb gut auf Ihre inneren, aber auch äußeren Bilder. Hier einige Beispiele:

> Wer sich in Armut sieht, wird (oder bleibt) arm.
> Wer sich als Kranker sieht, wird (oder bleibt) krank.
> Wer sich als Unbeliebter sieht, wird (oder bleibt) unbeliebt.
> Wer sich als Reicher sieht, wird (oder bleibt) reich.

Halten Sie sich stets vor Augen: Sie machen sich beim „Erleben" der Endsituation keinesfalls etwas vor. Sie nehmen nur auf der Gedankenebene etwas vorweg (Heilung, Reichtum, Beliebtheit), was Sie mit Mental- und Tatkraft dabei sind zu verwirklichen. Wir müssen uns von der falschen Behauptung einiger Kritiker und Zweifler freimachen, wir würden uns *nur* etwas einbilden. Tatsache bleibt: Die **BILDER** in unserem Unterbewußtsein formen die Wirklichkeit!

Lassen Sie, wenn es um die Zusammenarbeit mit Ihrem Unterbewußtsein geht, „Vernunft", Logik und Verstand weitestgehend beiseite. Beachten Sie, daß sich bei mehreren Vorstellungen immer die intensivste durchsetzen wird.

5. Achten Sie darauf, daß Ihre **ZIELE** anderen nicht schaden. Das Unterbewußtsein ist ein sehr ethischer Freund. Erinnern Sie sich: Alle Menschen (und alle Unterbewußtseine) sind miteinander verbunden. Wenn Sie Ihre Wünsche auf Kosten anderer erfüllen wollen, macht Ihr Unterbewußtsein nicht mit. Es wird einen dicken Riegel vorschieben. Ersparen Sie sich beiden diese Frustration. Man kann im Leben auch ehrlich etwas erreichen, obwohl man im Fernsehen und in der Zeitung oft das Gegenteil vorgeführt bekommt.
Machen Sie sich eines klar: *Gegen* Ihr Unterbewußtsein werden Sie nichts erreichen – außer Ihren vorzeitigen Zusammenbruch.

6. Nachdem Sie Ihrem Unterbewußtsein Ihr Wunschbild, Ihre Affirmation, eingegeben haben, kommt ein wichtiger und zugleich schwieriger Schritt: das **LOSLASSEN.** Erst wenn Sie loslassen, kann „es" geschehen. Ersetzen Sie aufkommende Zweifel durch Zuversicht und Vertrauen. Überlegen Sie sich, was Sie nach Beendigung Ihrer Kontaktaufnahme mit dem Unterbewußtsein konkret in Hinsicht auf die Wunscherfüllung tun können. Loslassen heißt lediglich, alle Verkrampfungen und alle Verbissenheit loslassen. Sie dürfen und sollten schon etwas *tun*. Erst durch Handeln geben Sie Ihrem Unterbewußtsein ein Signal, daß auch *Sie* bereit sind, *Ihren* Teil zum Gelingen beizutragen. Ihr Unterbewußtsein macht nicht alles allein. Seien Sie auch beim Tun für Impulse und Winke von Ihrem Unterbewußtsein wachsam. Und noch eines, während Sie in Richtung Zielverwirklichung schreiten: Schweigen Sie. Überlegen Sie vorher sehr gut, wem Sie was von Ihren Plänen verraten. Vorschnelles Erzählen hat schon manchen Traum zerstört.

7. *Danken* Sie Ihrem Unterbewußtsein für seine Mitarbeit. Loben Sie Ihr Unterbewußtsein, so wie man ein Kind oder eben einen guten Freund lobt. Loben spornt an. Loben zieht nach oben. Ohne Dank und Lob ist keiner gerne tätig. Treten Sie zukünftig generell allen anderen Menschen wohlwollend gegenüber. Bedenken Sie: Jeder Mensch, auch der noch „Fremde" könnte im Rahmen Ihrer Wunscherfüllung ein Mitwirkender und Helfer sein. Wer weiß, wer alles Ihren Lebensweg kreuzen soll? Überlassen Sie die Auswahl getrost Ihrem Unterbewußtsein. Es (er)kennt die Menschen viel besser als Sie. Und nicht zu vergessen: Loben und belohnen Sie auch *sich* – für die regelmäßige Arbeit mit dem Unterbewußtsein und für jeden erfolgten Teilschritt.

Doch da gibt es noch etwas, das wir beim Umgang mit dem Unterbewußtsein von jetzt an be-HERZ-igen sollten:
In der immer mehr anschwellenden Literatur und auf Seminaren über Imagination, Suggestion, Affirmation und Unterbewußtsein wird immer und überall von **PROGRAMMIEREN** und **LÖSCHEN** gesprochen. Auch hier wurden diese Begriffe hin und wieder der Klarheit halber verwendet. Doch beide Wörter haben – durch ihre Herkunft bedingt – einen sehr technischen Beigeschmack. Sie klingen nicht gerade liebevoll. Wir sprachen vom Unterbewußtsein als unserem Freund. Würden Sie einen guten Freund neu „programmieren"? Würden Sie etwas an oder in ihm „löschen"? Man programmiert eine Maschine, einen Computer, einen Roboter. Lassen Sie uns in Zukunft andere Worte verwenden. Wie wäre es, wenn wir unser Unterbewußtsein künftig nicht mehr neu programmieren, sondern „neu einweisen" oder „neu anleiten" oder sogar „neu einweihen". Das ist es: Wir *weihen* unser Unterbewußtsein in unsere Pläne *ein* und bitten darum, daß es uns bei deren Verwirklichung helfen möge. Unser Unterbewußtsein wird uns eine derart sanfte Behandlung gewiß auf seine wunderbare Weise „heimzahlen".
Und was ist mit dem „Löschen"?
Stellen Sie sich einen Dschungelpfad vor, den Sie viele Jahre lang benutzt haben. Doch nun wollen Sie auf einem neuen, noch nicht vorhandenen Weg durch den Urwald gehen. Anfangs ist es noch mühsam, den neuen zu beschreiten, doch mit jedem Mal wird der anfangs unwegsame Pfad ausgetretener und begehbarer. Was nun geschieht mit dem alten Weg? Wird er „gelöscht"? Er wird nicht mehr benutzt und wächst allmählich wieder zu. Er stört nicht mehr. Irgendwann gibt es ihn nicht mehr. So macht es die Natur. Wege entstehen, indem man sie geht. Wege vergehen, indem man sie nicht mehr geht.
Wie kommen wir nur darauf zu glauben, daß wir irgend etwas „löschen" müßten? Warum nicht einfach neue Pfade, Wege, Eigenschaften, Gewohnheiten schaffen, anstatt sich um die alten zu kümmern? Ist es nicht besser, unsere Energie auf das werdende Neue statt auf das bereits sterbende Alte zu lenken? Können Sie sich vorstellen, welch eine Freude unser Unterbewußtsein bei diesen Gedanken empfindet?
Wasser höhlt den härtesten Stein. Auf lange Sicht ist das Sanfte dem Harten immer überlegen. Wäre es jetzt nicht an der Zeit, daß wir auch mit uns selbst und unseren Innenkräften in einer etwas sanfteren Weise umgehen?
Die Freude und Bereitwilligkeit unseres „unbewußten Freundes" ist unter solchen Voraussetzungen grenzenlos.

Stress und Entspannung

Das Wort **Stress** ist heute in aller Munde. Ob jung oder alt, ob reich oder nicht reich, ob Schulkind oder Hausfrau, ob Arbeiter im Blaumann oder Manager im Nadelstreifenanzug: Jeder spricht von ihm, jeder kennt ihn, jeder spürt ihn – den Streß.

Streß ist zum meistgebrauchten Wort und zum weitverbreitetsten Problem unserer hochgeschraubten Leistungsgesellschaft geworden. Streß ist uns schon so sehr zum ständigen Begleiter geworden, daß uns ein Leben ohne Streß gar nicht mehr vorstellbar erscheint. Wir haben uns bereits so sehr an den Dauerzustand des Stresses gewöhnt, daß uns seine Abwesenheit wie die Ruhe vor dem Sturm anmutet. Ja, wir haben es sogar fertiggebracht, die Bewertung des Stresses dermaßen zu verdrehen, daß ein streßgeplagter Mensch als besonders tüchtig angesehen wird. Streß = Fleiß = Erfolg, so lautet paradoxerweise die unausgesprochene Regel. Wer unter Streß steht, ist fleißig, ihm oder ihr ist die Anerkennung der Gesellschaft fast schon gewiß. Wer keinen Streß hat, der tut demnach zu wenig, ein beinahe schon abschätziger Blick und Verständnislosigkeit lassen meist nicht lange auf sich warten.

Mit anderen Worten: Streß zu haben ist *in*, auch wenn man dabei langsam, aber sicher zugrunde geht.

Schätzungsweise sechs Millionen Schlaftabletten in den unterschiedlichsten Bonbonfarben werden in der vereinten Bundesrepublik Deutschland allabendlich geschluckt. Dazu einige tausend Kilogramm Schmerzmittel., Entspannungs- und Beruhigungspillen täglich. Ob Baldrian, Valium oder Johanniskraut – alles, was uns Linderung („Entspannung") verspricht, ist vertreten. Das Geschäft blüht. Nie zuvor waren so viele Bücher erhältlich, die uns Anleitungen und Tips geben sowie „Techniken" verraten, wie wir den Streß in den Griff kriegen können, bevor *er* uns restlos im Würgegriff hat. Streß ist in der Tat *die* Herausforderung unserer Zeit.

Was genau ist Stress?

Das Wort *Streß* stammt aus dem Englischen und bedeutet soviel wie Anspannung, Druck, Beanspruchung, Belastung. Genaugenommen liegt der Ursprung in dem lateinischen Wort *strictus*, was eng, stramm, straff bedeutet. Hier hat auch das Wort *strangulieren* seine Herkunft. Und genau so fühlen sich Menschen, die über Streß klagen: eingeengt (in vielerlei Hinsicht) und manchmal geradezu stranguliert. Streß nimmt uns nicht selten den Atem, die Luft zum Leben. Allgemein können wir Streß so definieren:

> **STRESS IST DIE REAKTION VON KÖRPER ODER GEIST EINES MENSCHEN, WENN DIESER EINE POTENTIELLE (= MÖGLICHE) BEDROHUNG SEINES GEFÜHLSMÄSSIGEN ODER KÖRPERLICHEN WOHLBEFINDENS WAHRNIMMT**

Das heißt: Immer dann also, wenn wir einen äußeren Reiz, ein Geschehen, eine Situation oder einen Menschen als **BEDROHUNG** empfinden, bedeutet das für uns Streß.

Wer spät abends in einer schwach beleuchteten Straße das Gefühl hat, von einer fremden Person verfolgt zu werden, wird dies als lebensbedrohlich und daher als Streß empfinden. Wer hingegen seit Jahren Karate betreibt und es schon bis zum Braungurt gebracht hat, wird die gleiche Situation als weniger bedrohlich betrachten. Er oder sie kann sich selbst verteidigen und wird daher viel ruhiger bleiben als jemand, der erwartet, den kürzeren zu ziehen. Dies ist ein Beispiel für die Möglichkeit, körperlichen Schaden zu erleiden.

Das gleiche Prinzip gilt auch für den seelischen Bereich: Wer von einem Menschen, dessen Bestätigung er für sein eigenes Selbstwertgefühl braucht, kritisiert wird, empfindet die Situation als streßträchtig. Und das Zerbrechen einer Beziehung ist um so streßreicher, je mehr der Verlassene von der anderen Person gefühlsmäßig abhängig und je weniger er in sich selbst gefestigt ist.

Es kommt also weniger auf die Situation an, sondern darauf, wie wir sie *empfinden*. Sogar eine gefährliche Situation ruft nur dann eine Reaktion hervor, wenn ein Mensch in ihr die Möglichkeit sieht, Schaden zu erleiden.

Stellen wir uns ein Kind vor, das am Rande einer belebten Straße spielt. Auch wenn es wirklich in Gefahr ist, kann es sein, daß es sich dieser Tatsache überhaupt nicht bewußt ist und sich daher völlig sicher fühlt. Erst wenn es lernt, daß Straßen und Autos gefährlich sind, wird es die Gefahr wahrnehmen und entsprechend reagieren.

Dieses Beispiel macht deutlich, daß sich eine Streßreaktion aus verschiedenen **PHASEN** zusammensetzt:

1. Aus dem Geschehen, der Situation oder der Umgebung, in der sich ein Mensch befindet.

2. Aus seiner Einschätzung, ob dies für ihn bedrohlich oder möglicherweise schädigend ist.

3. Aus seiner körperlichen oder emotionalen Reaktion darauf.

Diese Reaktion kann eine bewußte oder eine vom Unterbewußtsein bestimmte Reaktion sein. Wir werden darauf noch näher eingehen.
Zuvor wollen wir uns noch einen anderen Zusammenhang klarmachen.

Bisher heben wir – wie es in unserer Gesellschaft ja allgemein üblich ist – den Begriff „Streß" nur im *negativen* Sinne gebraucht. Doch wir sahen bereits bei der Definition: Streß bedeutet zunächst einmal nur Anspannung, Druck und Beanspruchung. Anspannung, Druck und Beanspruchung müssen jedoch nicht zwangsläufig negativ sein. Das heißt, Streß ist nicht von vornherein etwas Schlechtes. Streß ist nicht gleich Streß.

STRESS KANN AUCH SEINE GUTEN SEITEN HABEN

Der Begründer der Streßforschung, der österreichisch-kanadische Physiologe *Hans Selye*, hat bereits vor 60 Jahren zwei Formen von Streß unterschieden, nämlich den **EUSTRESS** und den **DISTRESS**.
EUSTRESS (von griechisch eu = gut) ist die Art von Streß, die mit Freude und Begeisterung zusammenhängt. Sie spornt den Menschen an, verschafft ihm Befriedigung, tut ihm gut. Wer zum Beispiel eine bevorstehende Feier plant und organisiert, kann dies durchaus als belebende Spannung, als „kreativen" Streß empfinden. Genauso vermag das gezielte Hinarbeiten auf eine Prüfung zu beflügeln und brachliegende Kräfte freizusetzen (allerdings ist hier auch das Gegenteil möglich, das Umkippen in den negativen Streß).
Unter **DISTRESS** (von lateinisch dis = schlecht) verstehen wir die Art von Streß, von der bereits die Rede war: Streß nämlich, der mit Bedrohung und Angst verbunden ist und der den Menschen in seiner Gesundheit beeinträchtigen oder ihn sogar vernichten kann.
Ein **BEISPIEL** zur Verdeutlichung:
Die trockene Hitze einer Sauna stellt für den menschlichen Organismus einen Streßreiz dar. Einen Sauna-Aufenthalt von fünf Minuten erleben die meisten Menschen als angenehm und anregend. Ein Saunagang von 20 Minuten wird jedoch nicht mehr als wohltuend, sondern als gesundheitlich belastend empfunden.
Dieses Beispiel macht klar, daß Eu- und Distreß nur in bezug auf *den* Menschen zu definieren ist, der den jeweiligen Streßreizen, den sogenannten **STRESSOREN**, ausgesetzt ist. Inwieweit ein Reiz oder eine Situation für jemanden eine Belastung darstellt, hängt sowohl von den tatsächlichen Bedingungen, etwa der Reizstärke, als auch von dem Menschen selbst, seiner individuellen Persönlichkeit, seiner Konstitution und all seinen bisher gemachten Lebenserfahrungen ab.

Das bedeutet: Was der eine schon als An-Spannung betrachtet, ist für den anderen noch Normal-Spannung. Was der eine als Distreß empfindet, ist für den anderen Eustreß, den er für sein Arbeiten, Denken und Schaffen unbedingt braucht.
Der eine erlebt es als (Di-)Streß, wenn er seit drei Stunden nichts mehr gegessen hat. Der andere geht von morgens an so in seiner Arbeit auf und kommt erst wieder am Abend zum Essen, ohne dies deshalb als Streß zu empfinden.
Den einen „streßt" das Radio, nur weil die Musik ein bißchen zu laut eingestellt ist, der andere pfeift mit und erfreut sich daran.

FÜR STRESS GIBT ES KEINEN EINHEITLICHEN MASSSTAB. STRESS IST RELATIV

Machen wir uns klar: Unser ganzes Leben ist ein **WECHSELSPIEL** zwischen Anspannung und Entspannung. Überall in der Natur gilt dieses Prinzip. Das Herz spannt sich an, um anschließend zu entspannen. Die Atmung tut das gleiche. An- und Entspannung sind der Ausdruck des allgegenwärtigen Polaritätsprinzips. Überall auf der Welt regiert dieses Prinzip. Im Taoismus bezeichnet man dieses Wechselspiel der Kräfte als **YIN** und **YANG.** Ziel des Lebens ist nicht, einen Pol (die Anspannung) zu vermeiden (was überhaupt nicht ginge), sondern einen Ausgleich zwischen beiden Polen zu schaffen.
Entscheidend ist:

DAS VERHÄLTNIS ZWISCHEN ANSPANNUNG UND ENTSPANNUNG MUSS AUSGEWOGEN SEIN, WENN WIR KÖRPERLICH, SEELISCH UND GEISTIG IM GLEICHGEWICHT, DAS HEISST GESUND BLEIBEN WOLLEN

Überforderung ist genauso schädlich wie Unterforderung. Langeweile und chronische Unterforderung können ebenso lebensfeindlich sein wie das ständige Laufen auf Hochtouren. Es kommt auf die goldene Mitte an.
Ein Luftballon, der zuwenig Luft enthält, ist genausowenig zu gebrauchen, wie ein Luftballon, der zu prall aufgepumpt ist und daher platzt. Auf die *richtige* Füllung kommt es an. Weder Unterforderung noch Überforderung sind auf Dauer gesehen zuträglich. Da, wo sich beide berühren, liegt der energiesparende und daher verschleißarme Bereich. Hier werden *Unter-* und *Über*forderung zur *Heraus*forderung.
Die Gefahr des geplagten, modernen Wohlstandsmenschen besteht darin, daß er kaum noch aus der Phase der Anspannung herauskommt. Er bleibt mehr oder

weniger gefangen in dem einen Pol. Das Pendel kann nicht mehr zurückschwingen.

Schauen wir uns an, was dabei im Körper vorgeht. Das für die Lebensvorgänge im menschlichen Organismus zuständige Nervensystem ist das sogenannte **VEGETATIVE NERVENSYSTEM**. Dieses wiederum besteht aus den beiden Hauptanteilen **SYMPATHIKUS** und **PARASYMPATHIKUS** (auch **VAGUS** genannt).
Der „sympathische" Anteil des vegetativen Nervensystems hält den Organismus leistungsbereit und leistungsfähig. Im Gegensatz dazu sorgt der Parasympathikus für die Erholung des Körpers und ist zuständig für den Aufbau neuer Reserven. Tagsüber dominiert daher die Aktivität des Sympathikus und nachts die des Parasympathikus.
Im übertragenen Sinne wirken Sympathikus und Parasympathikus ähnlich wie Gaspedal und Bremse beim Auto. Ein Mensch, der nur noch in der Anspannungsphase verharrt, tritt ständig auf das Gaspedal. Sein Körper bringt über die Ausschüttung von Hormonen (vor allem Adrenalin) eine Vielzahl von Reaktionen in Gang: Der Blutdruck steigt, die Herzfrequenz nimmt zu, die Pupillen vergrößern sich, und ein vermehrter Blutzuckerspiegel wird bereitgestellt. Die Spannung der Muskeln erhöht sich. All dies sind Maßnahmen, die den Menschen – wie auch das Tier – auf eine bevorstehende Tat vorbereiten. Für den Menschen läuft jetzt ein Überlebensprogramm ab, das schon seit Urzeiten in ihm verankert ist. Galt es doch früher, mit einer echten Gefahr fertigzuwerden. Wer plötzlich einem braunen Bären gegenüberstand, mußte handeln. Und was das Handeln betrifft, so gab es nur zwei Möglichkeiten: flüchten oder angreifen. Heute haben wir es nicht mehr mit Bären zu tun. Der Bär des Neuzeitmenschen kann der Chef, der Nebenbuhler, der Nachbar, der Autobahnstau, die Hypothekenlast oder Gefühle wie Haß, Neid, Sorgen und Ärger sein.
Und genau da liegt das Hauptproblem des von Distreß geplagten heutigen Menschen: Er kann weder angreifen (den Chef, den Nebenbuhler, den Fahrer im Auto vor, hinter oder neben ihm ...), noch kann er flüchten. In den meisten Situationen muß er *standhalten*. Er muß in der mißlichen Situation verharren. Und das machen der Körper, die Seele und der Geist nicht über einen längeren Zeitraum hinweg mit.
Der Mensch vermag dem langandauernden Streß (= ständiges Alarmstadium) nicht ewig zu widerstehen. Irgendwann erlahmt der Widerstand durch Verausgabung der Anpassungsenergie, und die Erschöpfung setzt ein. Wird spätestens an dieser Stelle nicht die Streß-Notbremse gezogen, ist der Zusammenbruch die Folge, ein Zusammenbruch, der nicht selten zum Zustand der totalen Streßfreiheit – dem Tod – führt.

Fassen wir ein paar Gedanken zusammen:

STRESS IST EIN ZUSTAND DES UNGLEICHGEWICHTS ZWISCHEN DEN ANFORDERUNGEN DER UMWELT UND DEN PERSÖNLICHEN LEISTUNGSVORAUSSETZUNGEN

Dieser Ungleichgewichtszustand wird von der betreffenden Person als bedeutsam und als äußerst unangenehm empfunden.
Nicht der starke Reizzustand selbst, nicht die Belastung ist ausschlaggebend, sondern die *zu lange* und *zu stark* andauernde Beanspruchung. Sie verhindert, daß sich der Körper wieder erholen kann.
Der streßgeplagte Mensch unserer Tage hat seine Mitte verloren. Er hat sich von seinen wahren Wünschen und Werten immer mehr entfernt und leidet zunehmend unter einer Art inneren Zerrissenheit. Allein diese Tatsache ist bereits ausreichend Grund für weiteren Streß.
Überall da, wo die Harmonie zwischen Ansichten, persönlichen Zielen, Einstellungen und Handlungsmöglichkeiten gestört ist, entsteht eine seelische Belastung. Diese innere Spannung vermag so stark anzuwachsen, daß sie zur persönlichen Zerreißprobe wird. Dies kann aufgrund des Zusammenhängens von Seele und Körper zu ernsthaften psychosomatischen Krankheiten führen. Was die Seele nicht mehr auszuhalten vermag, muß der Körper sozusagen als letzte Lösung beziehungsweise Aufforderung zur Umkehr ausbaden. Geschwüre in Magen und Darm, Migräne, Allergien, erhöhter Cholesterinspiegel – mit den Folgen Bluthochdruck, Nierenversagen, Herzinfarkt mit Aussicht auf By-pass-Operation – sind die Hilfeschreie unserer Seele.
Werden wir diese Schreie hören, oder bringen wir sie zum Verstummen – mit dem Restrisiko, dafür den höchsten und endgültigsten Preis überhaupt zu bezahlen?
Streß – so wie er im allgemeinen Sprachgebrauch und auch hier verstanden wird, also Distreß – ist die negative Ausprägung einer ursprünglich positiven Kraft, die sich mittlerweile gegen den Menschen selbst wendet. Ständig im Streß zu sein bedeutet, sich an der Grenze körperlicher, seelischer und geistiger Leistungsfähigkeit aufzuhalten. Es ist vergleichbar mit dem Wohnen in einer ausgedienten Bretterhütte auf einem Steilfelsen direkt am offenen Meer. Beim nächsten ordentlichen Sturm kann die Hütte samt Bewohner ins tosende Meer geweht werden.

DER STRESS IST IN DEN MEISTEN FÄLLEN VOM MENSCHEN SELBSTGEMACHT

Streß entsteht vor allem dann, wenn innere oder äußere Konflikte scheinbar nicht mehr lösbar sind.
Streßverminderung führt (neben zahlreichen anderen Vorteilen) zur Lebenszeitvermehrung.
Wir können nicht immer vermeiden, uns hohen Streßbelastungen auszusetzen. Doch wir können weitgehend verhindern, durch Streß krank zu werden.

Wie sollten wir mit Stress umgehen?

Stellen wir uns zunächst die Frage, woran wir Streß erkennen.
Die wichtigsten **Stress-Symptome** sind:

- Ständige Erschöpfung, Ermattung, Schwäche, Müdigkeit, abnehmende Leistungsfähigkeit;
- Verlust an Vertrauen, Zuversicht, Mitgefühl, Interesse am eigenen Leben und an der Umgebung;
- Verflachung der persönlichen Beziehungen und negative Reaktionen mit anderen Menschen;
- Zunehmende Reizbarkeit und Übellaunigkeit;
- Unfähigkeit, selbst mit geringen Frustrationen fertigzuwerden. Erfolge werden nicht mehr gesehen. Enttäuschungen und Versagen werden vor allem zur Kenntnis genommen;
- Vermehrt auftretende gesundheitliche Probleme;
- Steigerung von Konsum aller Art: Es wird mehr geraucht, getrunken, geschluckt ...

Was davon trifft schon auf *Sie* zu?
Wie ist Ihr Interesse an Ihrem Beruf? Empfinden Sie ihn bereits bloß nur noch als Job? Haben Sie längst innerlich gekündigt? Fühlen Sie sich leer, saftlos, ausgebrannt? Dieser Zustand wird allmählich „berühmt", man bezeichnet ihn als **Burn-out-Syndrom.** Mit welcher Stimmung gehen Sie am Montag immer zur Arbeit: froh und optimistisch oder mißgelaunt und müde?
Wann haben Sie das letzte Mal richtig herzhaft gelacht?
Was können wir tun, wenn wir erkannt haben, daß wir schon mehr oder weniger in der Streßfalle festsitzen? Wie können wir Streß (Distreß) vermindern und vor allem verhindern? Einige bewährte **Tips:**

1. Bringen Sie Ordnung in Ihr Leben. Erkennen Sie Ihre Ziele. Finden Sie heraus, was Sie wirklich wollen. Niemand kann all das tun, was er gerne tun

möchte. Je mehr Sie auf einmal tun wollen, desto mehr geraten Sie unter Zeitdruck. Und Zeitdruck ist einer der größten Streßverursacher. Wann haben Sie das letzte Mal geklagt: „Ich habe keine Zeit"? Lassen Sie Unwichtiges weg, und *nehmen* Sie sich Zeit für *die* Dinge, die Ihnen wichtig sind.
Lösen Sie – falls vorhanden – Ihre Geldschwierigkeiten. Das geht nicht per Kredit, sondern nur, indem Sie weniger ausgeben, als Sie einnehmen.

2. GEBEN SIE UNREALISTISCHE ERWARTUNGEN AUF. Fragen Sie sich, welche Ansprüche Sie sich selbst auferlegt haben und welche von außen kommen. Man muß nicht alles haben, nicht alles wissen, nicht alles sein, nicht alles können. Man kann und muß nicht auf jeder Hochzeit tanzen.
Besitz alleine macht noch nicht glücklich. Vergoldete Wasserhähne bringen weniger als ein zusätzlicher regelmäßiger Waldspaziergang.

3. ZÜGELN SIE IHREN EHRGEIZ. Sie können viel arbeiten, fleißig sein, sich mit Leib und Seele engagieren. Aber das Leben besteht nicht nur aus Arbeit. Es lohnt sich nicht, für irgendwelche Extravaganzen Familie, Freizeit und eigene Gesundheit zu opfern.
Stellen Sie sich hin und wieder die „magische" Frage: „Sind die Dinge, nach denen ich strebe, die Energie wert, die ich dafür aufbringen muß?" Diese Frage bringt oft neue Klarheit in den Kopf.
Achten Sie darauf, wo Sie bereits Opfer einer der zahlreichen Tretmühlen geworden sind.
Auch Freude muß ein Bestandteil des Lebens sein.

4. ÜBERLEGEN SIE, OB SIE BERUFLICH AM RICHTIGEN PLATZ SIND. Es ist außerordentlich streßerzeugend, sich täglich lustlos zur Arbeit zu schleppen. Überlegen Sie, ob Sie sich in eine andere Abteilung versetzen lassen können. Vielleicht ist es möglich, durch zusätzliche Lehrgänge (eventuell auch einmal auf *eigene* Kosten, wenn nötig, beispielsweise anstelle des nächsten Mallorca-Urlaubs) die eigenen Chancen und Aussichten zu verbessern? Bisher wurden Leistung, Fleiß und Können immer belohnt. Auch die Arbeit vermag eine Quelle der Lust zu sein, nicht lediglich eine für Frust.
Ändern Sie, was geändert werden kann. Es steht nirgends geschrieben, daß man ein Leben lang denselben Beruf ausüben muß. Vielleicht ist eine andere Arbeit mit etwas weniger Geld und dafür mehr Freude das Richtigere für Sie. Wenn sich wirklich nichts ändern läßt, dann ändern Sie Ihre Einstellung – das ist *immer* möglich. Das Verändern der Einstellung ist überhaupt ein wesentlicher Schlüssel zur Streßverminderung.

5. Hinterfragen Sie allgemein anerkannte Vorstellungen wie „Das macht man nicht", „Das ißt man nicht", „Das trägt man nicht". Seien Sie kein Man-Mensch! Seien Sie Sie selbst. Finden Sie heraus, was *Sie* machen, essen, sagen, wie Sie sich anziehen möchten, und tun Sie es, ohne dabei anderen zu schaden, und ohne Schuldgefühle. Gewinnen Sie eine neue, selbständige Sicht des Lebens. Viele Normen und Werte sind hinterfragungswürdig. Sie engen ein und erzeugen Streß. Lernen Sie, *selbst* zu denken und Entscheidungen zu treffen.

6. Bemühen Sie sich um ein gutes Auskommen mit anderen Menschen. Zwischenmenschliche Probleme zählen zu den größten Streßquellen. Beenden Sie diese Kraftvergeudung. Versuchen Sie, aus der Begegnung mit anderen Menschen Kraft zu gewinnen. Treten Sie anderen so gegenüber, wie Sie möchten, daß andere Ihnen gegenübertreten sollen. Glauben Sie nicht an das Märchen, daß das Leben ein einziger Konkurrenzkampf sei. Es muß nicht bei jedem Konflikt einen Gewinner und einen Verlierer geben. Bei richtiger Einstellung können beide gewinnen. Schenken Sie anderen Menschen einen Vertrauensvorschuß. Lernen Sie ja, aber auch nein zu sagen, beides jeweils zur richtigen Zeit.

7. Lösen Sie Probleme dann, wenn sie auftreten. Die Erfahrung zeigt, daß es langfristig gesehen eher die kleineren Probleme des Alltags sind, die den großen Streß verursachen. Schieben Sie nichts Bedrückendes auf in der Hoffnung, es werde schon von allein vergehen. Tun Sie etwas. Reden Sie, wenn ein Gespräch helfen kann. Überlegen Sie, ob es sich lohnt, den Nachbarn zu verklagen, nur weil seine Tanne fünf Zentimeter zu hoch gewachsen ist.
Beschönigen und vor allem verdrängen Sie nichts. Was wir ungelöst und belastend ins Unterbewußtsein abschieben, erzeugt immer Streß. Gewiß kann man über Belanglosigkeiten großzügig hinwegsehen; wo es jedoch um wichtige Dinge geht, kommen wir um die gezielte Beschäftigung damit nicht herum.
Denken Sie daran: Ein gelöstes Problem setzt immer neue Energie frei, zum Beispiel zum Lösen weiterer Probleme ...

8. Befassen Sie sich schon im voraus mit zu erwartenden Veränderungen. Viele Veränderungen (Berufswechsel, Umzug, Scheidung, Pensionierung, Prüfung, Hochzeit) sind nämlich vorhersehbar. Wir können uns darauf einstellen und Pläne machen, um den Übergang von einer Lebensweise zur anderen gewinnbringend zu gestalten.
Schämen Sie sich nicht, Ihre Gefühle zu zeigen, wenn Sie zum Beispiel durch den Verlust oder den Tod eines Ihnen nahestehenden Menschen mit abrupten

Veränderungen konfrontiert werden. Die Ohren immer nur steifzuhalten ist kein Zeichen von psychischer Gesundheit. Trauern und manchmal auch Wut zeigen sind wichtige Sicherheitsventile. Der gesunde Mensch ist ein Mensch – und kein Stein.

Wenn Sie diese dem Alltag entnommenen Lebenserfahrungen beachten, können Sie den ungesunden, krankmachenden Streß erheblich vermindern.
Besser, als Streß *abzubauen*, ist es natürlich immer, darauf zu achten, daß er sich erst gar nicht im Übermaß *aufbauen* kann. *Vorbeugen ist besser als Heilen* gilt auch hier. Durch Veränderung der inneren Einstellung gegenüber den streßauslösenden Reizen, durch direkte Einflußnahme – das heißt Änderung beziehungsweise Ausschaltung der Belastungsfaktoren (Lärm, falsche Arbeit etc.) – sowie durch Steigerung der eigenen Belastbarkeit läßt sich bereits viel erreichen. Das Wissen über Gedanken, Imagination, Suggestion und Affirmation kann dabei eine wertvolle Hilfe sein.
Wenn wir uns jedoch in einer akuten Streßphase befinden, ist es mit schönen Worten nicht getan. Erinnern Sie sich: Im Streßzustand wird der Körper über einen erhöhten Adrenalinschub auf Angriff oder Flucht vorbereitet. Energie wird bereitgestellt. Sich jetzt hinzusetzen und eine blühende Wiese zu visualisieren ist ein mühevolles, selber fast streßerzeugendes Unterfangen. Ist die Energie mobilisiert worden, muß sie abgeführt, verbraucht werden. Wird sie dies nicht, richtet sie sich gegen den eigenen Körper und wirkt destruktiv.
Verbrauchen läßt sich diese Energie am besten durch **KÖRPERLICHE BEWEGUNG.** Betätigen Sie sich daher – je nach Möglichkeit – 5, 10 oder 15 Minuten körperlich, wenn es geht so, daß Sie schwitzen müssen. Ob Sie im Keller ein paar alte Bretter zersägen, die Möbel verschieben, im Garten umgraben oder die Treppe einige Male rauf- und runterlaufen – alles erfüllt den Zweck. Es ist besser, auf einen Sandsack oder auf ein Kissen zu hauen, als Frau und Kinder oder den Hund zu verhauen. Ideal sind ein paar Minuten Gymnastik. Ob Kniebeugen oder Liegestütze – der Körper kann sich auf diese Weise von allen negativen Energien befreien. Gut ist auch ein strammer Marsch „einmal ums Karree".
Noch einmal: Bereitgestellte Flucht-Angriff-Energie muß körperlich verbraucht werden. Das braucht nicht viel Zeit zu beanspruchen, zwei bis drei Minuten reichen oft schon aus.
Energie, die zurückgehalten wird, staut sich. Und jeder Stau wirkt sich nachteilig aus.
Wenn sich keine Möglichkeit zu körperlicher Betätigung bietet, atmen Sie einige Male kräftig und stoßweise ein und (!) aus. Auch das An- und Entspannen der Muskeln bringt eine gewisse Entladung.

Was Sie tun, bleibt Ihnen überlassen. Falsch ist einzig, nichts zu tun, sondern nur still sitzen zu bleiben und darauf zu warten, daß das Wasser überkocht ...
Neben dem Abbau überschüssiger Energie tritt noch ein anderes Prinzip in Kraft: Dadurch, daß der Körper entspannt, entspannen und entkrampfen sich auch Geist und Seele. Denn alles ist miteinander gekoppelt.

Wenn wir uns körperlich entspannen, entspannen wir uns automatisch auch geistig-seelisch

In einem entspannten Körper können sich Streß und Angst nicht aufbauen. Auf diesem Wirkungs-Zusammenhang beruhen ja letztlich alle Entspannungsmethoden, wie zum Beispiel das Autogene Training.
Besser, als Streßenergie ventilartig durch körperliche Aktivität abreagieren zu müssen, ist immer, es erst gar nicht soweit kommen zu lassen. Ein Leben in Einklang mit den Gesetzen der Natur, verbunden mit Mußestunden oder zumindest Muße*minuten* zur inneren Einkehr, sind dafür die beste Voraussetzung. Solange wir überhaupt noch Entspannungsübungen brauchen, sind wir noch nicht am Ziel.
Ein Leben ganz ohne (An-)Spannung wird und darf es aber auch nie geben. Erst das Auf und Ab der Spannung hält das Leben am Leben. Absolute Abwesenheit von Streß bedeutet den Tod.

Ein gewisses Mass an gesundem (Eu-)Stress ist notwendig, damit der Körper seine Anpassungsfähigkeit an sich ändernde Verhältnisse und Situationen erhält

Ein streßfreies Leben ist vergleichbar mit Wohnen in gleichbleibend klimatisierten Räumen. Wer sich ausschließlich in solcher Umgebung aufhält, schwächt seine Abwehrkräfte und wird besonders anfällig für Krankheiten.

In richtiger Dosierung kann fast alles – auch der biologisch sinnvolle Eustreß – ein Heilmittel sein. Ein weiteres solches „Heilmittel", das sehr gut zu dem, was wir eben über Streß erfahren haben, paßt, werden wir nun kennenlernen. Es ist ein Heilmittel, das direkt zur eigenen Mitte führt: die **Meditation.**

Die wunderbare Wirkung der Meditation

Meditation ist nichts Neues. Zu allen Zeiten und in allen Kulturen wurde meditiert. Ob in den altindischen Upanishaden oder im Zen-Buddhismus Japans, ob in der christlich ausgerichteten Mystik, dem chinesischen Taoismus, dem Judentum oder Islam, ob im jüngeren Yoga oder dem Schamanismus – überall finden wir Hinweise auf meditative Verfahren. Meditation war und ist ein Bestandteil jeder Kultur.

Das Wort *Meditation* ist mittlerweile zum Modewort geworden. Meditations-„Techniken" haben Hochkonjunktur. Immer häufiger kommt Meditation in recht exotischem Gewand zu uns, in oft skurriler und machmal sektiererischer Verpackung, die uns befremdet und uns daher den Zugang erschwert oder sogar verwehrt. Wir werden überschwemmt von einer Vielzahl von Meditationstechniken und -schulen. Wohl dem, der da noch zu unterscheiden, das heißt die Spreu vom Weizen zu trennen vermag.

Wie immer in krisenhaften Zeiten sucht der Mensch nach Halt und Orientierung. Alle Maschinen und alle Technik, alle Errungenschaften unserer Wissenschaft konnten weder das Leid dieser Welt noch die Fragen nach dem Sinn unseres Lebens beantworten. Krankmachender, unerträglicher Leistungsdruck hat zu Gefühlsverarmung, Selbstentfremdung, Fremdbestimmtheit, Erschöpfung und Leere geführt.

Der Mensch hat sich mit seinem im Mittelpunkt stehenden Verstand bis an die Grenze des gerade noch Zumutbaren gebracht, so daß er nun seinen Blick in Richtung Osten lenkt, in der Hoffnung, von dort her Hilfe und Erlösung zu erfahren. Der Wunsch, wieder ein **Gleichgewicht** herzustellen zwischen Innen und Außen, wieder in Harmonie *mit* der Natur und nicht *gegen* sie zu leben, wird immer größer. Wir Menschen spüren, daß uns Meditation zurück zur **Ganzheit,** zurück zum Heilwerden führen kann.

Was versteht man unter Meditation?

Der Begriff *Meditation* ist mehrdeutig und geht auf das lateinische Wort *meditatio* zurück, was „Versenkung in etwas", das „sinnende Betrachten von etwas" bedeutet. Das zugrundeliegende Verb *meditari* meint soviel wie „hinwandern", „zur Mitte gehen", genaugenommen: „zur Mitte hingegangen werden". An dieser Formulierung erkennen wir bereits: Beim Meditieren geht es nicht darum,

etwas zu machen oder gar zu erzwingen, sondern es geht ums **Loslassen,** ums Geschehenlassen. Dies fällt uns als Menschen dieser durch den Verstand geprägten Zeit nicht ganz leicht. Charakteristisch für den westlichen Menschen ist ja gerade die Tatsache, daß er den Verstand auf Kosten des emotionalen Bereichs überbewertet, ja fast schon hochstilisiert hat. Folge dieser Kopflastigkeit war und ist, daß wir immer mehr unsere eigene Mitte verloren haben. Unsere leib-seelische Ganzheit ist längst in Gefahr.
Beim Meditieren geht es nicht um das Erlangen von noch mehr Wissen, sondern um das Einswerden mit sich selbst. Es geht um die Heilung des gespaltenen Menschen. Meditation ist *das* Heilmittel unserer ver(w)irrten Zeit. Meditation ist Psychotherapie zum Selbermachen.

Worum geht es bei der Meditation?
Beim Meditieren geht es um mehr als nur um unser persönliches seelisches Wohlbefinden.

Meditieren heisst, stilles Versenken und Ruhen in sich selbst; es bedeutet, in einem schwebeartigen Zustand völliger Entspannung und dennoch hellwach und bei klarstem Bewusstsein zu sein

Wenn wir meditieren, geht es ums Verinnerlichen, um die Abkehr von den Reizen der Umwelt. Es geht um den Rückbezug auf den Ursprung, auf die Quelle, auf den „Ort" in uns, in dem alle Energie, Aktivität und Kreativität wurzeln. Es geht im wahrsten Sinne des Wortes ums Wieder-zu-sich-Kommen, ums Sich-auf-sein-Inneres-Verlassen. Meditation ist das Mittel par excellence, das dem Menschen hilft, sich wieder zu finden, nachdem er sich fast schon verloren hat. Es hilft uns Menschen, uns neu zu entdecken, ganz gleich in welcher Lebenssituation wir gerade stecken. Meditation ist die einfachste und direkteste Lösung, auf den abhandengekommenen Weg zurückzufinden.
Dem Menschen stehen zwei **Erkenntniswege** zur Verfügung: das *intellektuelle* Erkennen mit Hilfe der Logik, so, wie wir es in der Schule lernen, und das *intuitive* Erkennen, der Spürsinn, der durch Meditation entwickelt wird. Der Verstand kann sammeln, ordnen, eindringen und klären, aber das, worauf es letztlich ankommt, muß sich uns *erschließen*, ist nur passiv erfahrbar und wird zu einer unmittelbaren Gewißheit, auch wenn es sich logisch nicht immer belegen läßt. Das Herz hat seine Gründe, die der Verstand nicht kennt. Meditation vermittelt unmittelbare Erkenntnis, Weisheit direkt vom Ursprung. Darum ist eben auch Meditation nicht *machbar* und willentlich nicht zu steuern, sie muß sich ein-

stellen wie die Liebe oder der Schlaf. Aber jeder Mensch kann lieben und kann schlafen. Jeder Mensch kann auch meditieren. Uns Menschen ist die Fähigkeit zur Meditation von Natur aus gegeben. Sie ist nur verkümmert und verschüttet. Deshalb müssen wir das Meditieren eigentlich gar nicht neu erlernen, wir brauchen es lediglich wiederzuentdecken.

Wege in die Meditation

Es gibt eine Vielzahl von Meditations-„Techniken". Bevor wir näher darauf eingehen, sollten wir uns zunächst einmal klarmachen, daß das Wort „Technik" so ziemlich das unpassendste Wort im Zusammenhang mit Meditation überhaupt ist. Mit „Technik" hat das Meditieren wahrhaftig nichts zu tun. Wir können von Schweiß*technik*, Zeichen*technik* oder auch beim Sport von *Technik* sprechen. Was jedoch die Meditation betrifft, so sollten wir uns jetzt und für immer von dem Wort „Technik" lösen. Schließlich wollen wir Meditierende sein und keine „Techniker". Auch die Begriffe „Verfahren" und „Methode" sind noch zu formal. Wir sollten uns auch davon verabschieden. Besser wäre der Begriff „Anleitung" (Merken Sie, wie wunderbar das klingt?). Oder wir sollten kurz und bündig und treffend von „Wegen" sprechen. *Wege* in die Meditation – das ist es, worum es hier genaugenommen geht.

Voraussetzungen für eine „erfolgreiche" Meditation

1. Die Umgebung

Es ist nicht notwendig, die gewohnte Umgebung zu verlassen. Wir brauchen uns weder in ein Kloster noch in die Einsamkeit der Berge zurückzuziehen, um den Weg der Meditation zu gehen. Manche Reise nach Indien wird oft nur als Fluchtvorwand gebraucht. Unser „Ashram" ist unsere eigene Wohnung. Meditation ist kein Fluchthelfer aus dieser Welt in eine bessere, sondern ein Verbleiben *in* dieser Welt. Egal wo wir meditieren, wir nehmen uns immer mit.
Für den Anfang sollte der Ort ruhig und störungsfrei sein. Richten Sie sich in Ihrem Zimmer eine kleine Ecke ein, wo Sie regelmäßig meditieren. Halten Sie diesen Platz sauber. Eine frische Blume schafft eine günstige äußere Atmosphäre. Wer mag, kann Räucherstäbchen oder Weihrauch hinzunehmen. Sie können auch ein Bild von einem „Meister" aufstellen oder aufhängen, sofern es Sie inspiriert. Musik sollte in der Anfangszeit noch nicht abgespielt werden. Generell gilt: einfach, aber fein. Alles sollte ein bißchen feierlich sein. Ent-

scheidend ist, daß Sie sich wohl fühlen. Indem Sie stets denselben Meditationsort wählen, laden Sie den Raum, die Gegenstände und die Atmosphäre mit einer ganz bestimmten Schwingung auf.

2. DIE INNERE BEREITSCHAFT

Um die Kunst der Meditation wieder zu erlernen, sind zwei Voraussetzungen notwendig: **INTERESSE** und **REGELMÄSSIGKEIT.**
Nur wer aus eigenem Antrieb zu Meditieren beginnt oder es auf einen äußeren Anlaß hin versucht, kann entsprechenden Gewinn aus der Meditation ziehen. Es ist nicht möglich, jemanden zum Meditieren zu zwingen oder ihn dazu zu überreden. Die innere Bereitschaft muß zumindest ansatzweise vorhanden sein. Für den Anfang ist es schon ausreichend, daß wir uns der Meditation öffnen und aufgeschlossen für Neues sind.
Zur Bereitschaft gehört ferner die Regelmäßigkeit. Hin und wieder mal zu Meditieren, das ist wie hin und wieder mal die Blumen zu gießen – es wächst nichts. Einmal in der Woche ist das Minimum, zweimal ist doppelt so gut, und täglich zu Meditieren ist ideal. Dabei ist die Zeit morgens vor dem Frühstück besonders günstig. Am Anfang sollten Sie etwa 10 bis 30 Minuten lang meditieren. Wer es einrichten kann, stets zur gleichen Zeit zu meditieren, schafft allein dadurch ein machtvolles **RITUAL.** Das Meditieren darf nicht zur Routine und schon gar nicht zum Zwang, sondern sollte zu einer freudvollen Gewohnheit werden. Die Feierlichkeit der Meditation kann dadurch noch verstärkt werden, daß Sie immer ein bestimmtes Kleidungsstück an- oder überziehen (Strickjacke, Bluse ...). Es hat schon seinen tieferen Grund, weshalb bestimmte Berufsgruppen für ihre Tätigkeit ein bestimmtes Kleidungsstück anziehen. Der Arzt hat seinen Kittel, der Richter seine Robe, und auch der Pfarrer zeigt sich im Dienst nie ohne Talar. Äußere Dinge können vor allem zu Beginn sehr wichtig sein, später werden sie immer entbehrlicher.

3. DIE ÄUSSERE HALTUNG

Neben der inneren Haltung spielt auch die äußere Haltung, also die **POSITION** beim Meditieren, eine wichtige Rolle. Zum Meditieren sollten Sie sitzen, nicht liegen. Beim Liegen ist die „Gefahr" des Einschlafens zu groß. Und Sie wissen ja schon: Auf die entspannte Wachheit kommt es an.
Für den ungeübten Ziviliationsmenschen ist es nicht nötig und oft auch nicht möglich, fernöstliche Sitzpositionen einzunehmen. Wir brauchen nicht unbedingt den Lotos-, Diamant- oder Fersensitz.
Beim Meditieren kommt es auch auf die körperliche Entspannung an. Wer das korrekte Sitzen auf dem Boden vertragen kann oder erlernen möchte, dem steht

dies frei. Doch sollte man bedenken: Meditation ist weder Gymnastik noch Akrobatik.
Wir benutzen – am Anfang zumindest – einen Stuhl. Wichtig ist, den Rücken aufzurichten, damit die „Energien" die Wirbelsäule entlangströmen können. Stellen Sie sich vor, daß an Ihrem Scheitel ein Faden befestigt ist, der Sie zum „Himmel" hinaufzieht. Auf diese Weise erfolgt die Aufrichtung der Wirbelsäule völlig mühelos. Die bequeme Sitzhaltung ist eine bedeutende Voraussetzung für eine gelungene Meditation.
Daß auch die **KLEIDUNG** bequem sein sollte, versteht sich von selbst. Auch auf unnötigen Schmuck und die Uhr läßt sich beim Meditieren durchaus verzichten. Gewöhnen Sie sich am besten von Anfang an an Ihre „innere" Uhr: Schauen Sie vor der Meditation auf die Uhr, und prägen Sie sich zum Beispiel bewußt ein: „Jetzt ist es sechs Uhr, und ich werde um sechs Uhr zwanzig aus der Meditation auftauchen." Dabei stellen Sie sich die Zeigerstellung „zwanzig Minuten nach sechs" vor. Schon nach wenigen Tagen werden Sie sich auf Ihre innere Uhr verlassen können. Sie wissen ja längst: Für solche Dinge gibt es das Unterbewußtsein, das sich über jede Gelegenheit zur Mitarbeit freut und nach und nach immer besser reagiert.

Wir haben nun unseren Meditationsort aufgesucht, uns innerlich auf das, was wir vorhaben, eingestellt, und wir haben eine bequeme Sitzhaltung eingenommen. Der Rücken ist aufrecht, die Hände liegen mit nach oben zeigenden Handflächen (es geht aber auch andersherum) auf den Oberschenkeln. Die Füße stehen nebeneinander auf dem Boden.
Jetzt könnten wir beginnen. Doch wir wollen uns zuvor noch über einen weiteren Bereich etwas mehr Verständnis verschaffen:

DIE BEDEUTUNG DER ATMUNG

Das richtige Atmen gehört zu den Grundlagen der Meditation. Im Grunde genommen ist das Atmen selbst bereits ein Weg in die Meditation.
Jeder hat schon an sich selbst und an anderen beobachtet, wie jede seelische Erregung sofort den Atem beeinflußt. Sind wir erregt, atmen wir kurz, oberflächlich, wir schnappen dabei förmlich nach Luft. Sind wir umgekehrt von einer großen Sorge befreit, atmen wir erleichtert auf und hörbar aus. Der Atem ist überhaupt *die* Kraft. Ob wir uns dessen bewußt sind oder nicht: Wir atmen in jedem Augenblick, mehr als 20 000 Mal am Tag. Jedes Lebewesen dieser Erde atmet. Sein Atemfluß zeigt an, daß es lebt.

Unsere Atmung ist ein pulsierender Vorgang. Wenn wir atmen, findet ein lebenswichtiger Austausch zwischen der Außenwelt und der Innenwelt unseres Körpers statt. Meist nehmen wir das Geschenk des Atems gar nicht bewußt genug an. Dabei versorgt uns jeder Atemzug erneut mit dem „Grundnahrungsmittel" Sauerstoff. Doch wir nehmen nicht nur den Sauerstoff der Atemluft auf. Schon lange weiß man, daß da noch mehr in uns einströmt. Die Inder nennen es *Prana*, die Chinesen *Chi*. In beiden Fällen geht es um dieselbe Kraft. Es handelt sich um eine subtile Energie, die uns kostenlos zur Verfügung steht. Je offener wir für sie werden, um so mehr kann sie uns erfüllen. Sie beschenkt uns allein dadurch, daß wir bereit sind, sie bewußt zu empfangen.

Im indischen **YOGA** spielt das Wissen um die Bedeutung des *Prana* eine überragende Rolle. Besondere Atemübungen, sogenannte Pranayamas, sowie Körperstellungen, sogenannte Asanas, sollen zu einer vermehrten Aufnahme von *Prana* beitragen. Auch die aufrechte Meditationshaltung erleichtert das Eintrömen von *Prana*. Wir nehmen also beim Atmen nicht nur Sauerstoff auf, sondern auch Lebensstoff – *Prana*. Je kürzer wir atmen, desto weniger *Prana* durchströmt uns. Je weniger *Prana* uns durchströmt, desto weniger können die in beziehungsweise auf unserem Körper verteilten Energiezentren, die sogenannten Chakras, aufgeladen werden. Daher ist es nicht unwichtig, wie wir atmen. Die Erfahrung zeigt: Wer lang ein- und ausatmet, der lebt länger. Bei dem oberflächlichen Kurzatmer, dem Hechler, gehen die Lebenslichter vorzeitig aus. Je wirksamer wir atmen (immerhin etwa 8 Millionen mal im Jahr), desto gesünder bleiben wir. Durch die Art und Weise, *wie* wir atmen, zeigen wir, in welchem Maß wir uns an den pulsierenden Lebensstrom angeschlossen haben. Atmen wir wenig ein, so nehmen wir uns auch sonst nur einen schmalen Teil dessen, was das Leben zu bieten hat, auf; atmen wir wenig aus, sind wir auch auf anderen Gebieten mit dem Geben eher zurückhaltend. Die Bewegung des Atems bedeutet unaufhörliches Geborenwerden und Vergehen, Geben und Nehmen, Heranziehen des Fremden und Loslassen des Eigenen. Bewußtes Atmen ist ein Ritual an sich.

DER KONTAKT ZUM STROM DES ATEMS IST DER KONTAKT ZUM URSPRUNGSSTROM DER WELT

Schauen wir einmal auf die Welle eines Ozeans: Sie baut sich auf, erreicht den Höhepunkt ihrer Kraft, überschlägt sich, löst sich auf und wird wieder Teil des Meeres, bevor die nachfolgende Welle sich in gleicher Weise aufbaut. Das Spiel des Meeres geht unaufhörlich weiter – ein ewiger Kreislauf, der Welle auf Welle aus dem Meer entstehen und wieder zurücksinken läßt. Alles geschieht völlig mühelos und selbstverständlich.

Jeder unserer Atemzüge ist einer solchen Welle vergleichbar, einer Welle im Ozean des kosmischen Atems. Je größer unsere Welle ist, um so mehr wird das Leben für uns bereithalten.

Mit diesem Wissen über Atmung und *Prana* wollen wir nun gedanklich zu unserem Meditationsort zurückkehren. Wir beginnen mit der **Zentrierung** unseres Körpers, die wir allein für sich durchführen oder einer Meditation vorschalten können.

Die Zentrierung: Stärkung des Grundvertrauens

Wenn wir westliche Menschen „ich" sagen, zeigen wir gern auf unsere Brust. Der östliche Mensch empfindet ganz anders. Er ist sich bewußt, daß sein Ich im Bauchraum ist und zeigt auf diesen Bereich. Für den europäischen Menschen gehören – vom Gefühl her – die Begriffe „Körpermitte", „Herz" und „Brust" zusammen. Doch die eigentliche Mitte des menschlichen Körpers befindet sich im Bauchraum. Östliche Philosophien wie **Yoga** und **Zen** lehrten dies schon immer. Der **Schwerpunkt** des Menschen liegt etwa in Nabelhöhe. Dieser Bereich wird auch *Hara* genannt. Ein Mensch, der hier sein „Schwerpunktgefühl" empfindet, ist in seinem *Hara*. Nur im *Hara* kann sich das Gefühl des In-der-Mitte-Seins entwickeln. Dann hat der Atem die drei Eigenschaften, die er haben sollte: er ist ruhig, regelmäßig und tief. Jetzt kann die Kraft im Unterbauch gespürt und gehalten werden.

Hara ist der Bereich, wo Energie durch tiefes Atmen gesammelt werden kann. In dieser geheimnisvollen Zone des Körpers kann sich eine Art seelisches Kraftwerk bilden. Die dort bereitgestellte Energie wartet nur darauf, abgerufen zu werden. Menschen, die nach dem Motto „Brust raus – Bauch rein" leben, werden nie erfahren, was es heißt, in seinem Schwerpunkt zu sein. Ein Mensch dagegen, der im *Hara* ist, hat seine Schultern losgelassen, er hat sich im Bauch-Becken-Raum niedergelassen. Er lebt nicht in seiner Peripherie, sondern leiblich und seelisch in seiner Mitte. Er ist nicht aufgeregt, sondern gelassen. Er empfindet ein solides Urvertrauen, ein Grundvertrauen. Er weiß, daß er hier im Bauchraum die Kraft hat, die wir als *Prana* oder *Chi* kennengelernt haben (die Japaner nennen sie *Ki*) und über die er nach Belieben verfügen kann. Eine Kraft, die, wenn man sie zuläßt, *in* einem und *für* einen wirkt.

Soweit zur Theorie. Wir wollen nun unsere „Zentrierung" durchführen, das heißt, in den eigenen *Hara* gehen:

Sie haben Ihre sitzende Meditationshaltung eingenommen. Atmen Sie jetzt wie folgt:

Ausatmen	dabei denken Sie:	**Loslassen**
Atempause	dabei denken Sie:	**Einswerden**
Einatmen	dabei denken Sie:	**Neu werden**

Atmen Sie durch den Mund aus und durch die Nase tief ein. Stellen Sie sich vor, wie der Luftstrom bis unterhalb des Bauchnabels sinkt. Begleiten Sie mit der „inneren" Formel **Loslassen, Einswerden, Neu werden** das ganze Atemgeschehen, ohne dabei steuernd einzugreifen.

Sie haben gemerkt, daß wir mit dem Ausatmen beginnen. Dies steht im Widerspruch zu unserer gewohnten alten Empfindung. Doch man muß erst das Gewordene hergeben, um das Ungewordene empfangen zu können. Wer glaubt, erst nehmen zu müssen, um geben zu können, überträgt diese Einstellung, die auf Besitz und Haben gerichtet ist, auf sein ganzes Wesen und macht es sich damit im Leben unnötig schwer. Das rechte Einatmen kommt von selbst und ist das Geschenk eines guten Ausatmens.

Atmen Sie in dieser Weise 3 bis 5 Minuten. Die Wirkung wird nicht nur im *Hara* schon bald zu spüren sein. Diese Atemübung schenkt Vertrauen in die eigene Kraft und entspannt die Nerven ebenso wie den Körper. Sie können anschließend in den Alltag zurückkehren oder zu einer der folgenden Meditationen übergehen. Wenn Sie nicht weitermachen wollen, dann sollten Sie beide Hände kurz zu Fäusten ballen und dabei die Arme weit seitlich wegstrecken. In dieser Weise beendet man jede Meditation.

Verschiedene Meditationen

Wir unterscheiden zwischen zwei unterschiedlichen Vorgehensweisen bei der Meditation. Die eine geht von einem *Inhalt* aus, einem Gegenstand, einem Bild, einem Mantra, die andere ist *inhaltlos*, also „leer", zum Beispiel das **ZEN**. Wer einmal versucht, inhaltslos zu meditieren, das heißt an „nichts" zu denken, wird feststellen, wie schwer ihm dies fällt. Für den ungeübten westlichen Menschen ist es ein fast unmögliches Unterfangen. Wir befassen uns daher hier mit der ersten, also der inhaltlichen Vorgehensweise. Dies hat einen großen Vorteil: Wenn wir einen Inhalt haben, können wir unsere üblicherweise umherirrenden Gedanken leichter an eben diesen Inhalt festmachen. Dies ist gerade für den Anfänger eine große Erleichterung. Beginnen wir mit einer einfachen und sehr schönen Meditation.

1. Meditation mit einer Kerze

Stellen Sie in einem Abstand von 1 bis 2 Metern eine brennende Kerze ungefähr in Augenhöhe vor sich hin. Nehmen Sie Ihre Position ein, und betrachten Sie diese Kerze. Versuchen Sie, Ihre ganze Aufmerkamkeit auf die Kerze zu lenken. Fixieren Sie die Flamme, ohne sich jedoch zu verkrampfen und ohne die Augen zu überanstrengen. Sollte Ihr Blick abschweifen, lenken Sie ihn immer wieder auf die Kerze zurück. Wenn störende Gedanken auftreten, lassen Sie sie unbeachtet vorüberziehen und kommen Sie zwanglos wieder zur Kerze zurück. Atmen Sie ruhig ein und aus, und sagen Sie sich: *Es gibt nichts anderes auf der Welt als diese Kerzenflamme.* Sie verschmelzen mit dieser Kerze. Die Kerze und Sie werden eins. Nachdem Sie in dieser Weise die Kerzenflamme 5 bis 10 Minuten betrachtet haben, schließen Sie die Augen.
Lenken Sie nun Ihre Aufmerksamkeit auf Ihr Herz. Stellen Sie sich die Kerze in Ihrem Herzzentrum vor. Versuchen Sie, das Kerzenlicht klar zu sehen und zu fühlen. Nach einiger Zeit werden Sie spüren, wie sich dieses Licht ausdehnt und intensiver wird und mit der Zeit Ihren ganzen Körper erfüllt. Spüren Sie, wie das Licht noch intensiver wird und den ganzen Raum, das ganze Gebäude, die ganze Stadt und schließlich die ganze Erde, das ganze Universum erfüllt.
Fühlen Sie sich als Sonne, die in die hintersten Winkel des Universums strahlt, und versuchen Sie dabei den unendlichen Frieden zu spüren, den dieses Licht verkörpert.
Gehen Sie dann langsam wieder zurück, bis Sie wieder die Kerzenflamme in Ihrem Herzen sehen.
Öffnen Sie die Augen, und atmen Sie mehrere Male tief ein und aus.

Dies ist eine einfache und dennoch sehr wirkungsvolle Meditation.
Anhand dieser ersten Meditation wollen wir uns noch ein paar **wichtige Einzelheiten** bewußtmachen.
Erinnern Sie sich, wie die Meditation begann: Sie haben Ihre Aufmerksamkeit auf die Kerze gelenkt, anders gesagt: Sie haben sich auf die Kerze *konzentriert.* Und genau um dieses Wort geht es, ums Konzentrieren, um die **Konzentration.**
Eine Meditation, die einen Inhalt zur Grundlage hat, in diesem Fall den Gegenstand Kerze, beginnt immer mit der Konzentration. Konzentration ist die Vorstufe und die Voraussetzung zur Meditation. Konzentration bedeutet die Sammlung aller Aufmerksamkeit auf *einen* Punkt. Dies ist nicht einfach. Immer wieder will der Verstand abschweifen, immer wieder versucht er, unsere Aufmerksamkeit zu zerstreuen. Normalerweise bleiben wir in einem Netz von

Gedanken verfangen. Durch Konzentration lernen wir, uns auf *einen* Punkt oder auf *eine* Sache zu beschränken, da in die Tiefe zu dringen und dem Gedanken auf den Grund zu gehen. Auf diese Weise verschmelzen wir mit dem Inhalt – die Konzentration wird zur Meditation.

Konzentration ist eine Kunst, die in allen Bereichen des Lebens wichtig und nützlich ist. Jede Arbeit geht durch Konzentration schneller, sicherer und besser von der Hand. Echte Konzentration ist nicht nur eine Angelegenheit des Verstandes, sie umfaßt das ganze Wesen. Ein Kind kann das noch (im wahrsten Sinne des Wortes) spielend, sich ganz konzentrieren, in einer Sache völlig aufgehen, mit dem, was es gerade tut, völlig verschmelzen.

Wenn wir den Zutand der Meditation lange genug beibehalten, kann es geschehen, daß wir in einen noch tieferen Zustand hineingeraten, in die totale Versenkung – die **KONTEMPLATION.**

Sie sehen, was alles mit einer einfachen Kerze möglich ist. Der Weg von der einfachen, aber intensiven Konzentration zur fast spirituellen Erfahrung ist kürzer, als wir ahnen.

2. MEDITATION MIT EINEM MANTRA

Ein **MANTRA** (auch **MANTRAM** geschrieben) ist ein heiliger Laut, den der Meister seinem Schüler übermittelt. So wird es noch heute bei der Transzendentalen Meditation, der TM gehandhabt. Das wohl berühmteste Mantra ist die Silbe **OM**. Dem östlichen **OM** entspricht bei uns das Wort **AMEN**. Auch die beiden Worte „Ich bin" sind ein machtvolles Mantra. (Erinnern Sie sich, was wir an anderer Stelle darüber sagten?) Ein Mantra kann aus einer Silbe, einem Wort oder auch aus einem ganzen Satz bestehen. Jedes Wort, das uns anspricht, vermag für uns zu einem Mantra zu werden.

Ein Mantra wirkt durch seinen Klang und den Rhythmus der Worte. Und es wirkt durch die Bedeutung, durch den Inhalt, den es birgt. Ein heiliges Mantra kann außerdem noch dadurch wirken, daß es eine Brücke zu dem Unendlichen herstellt. Ein Mantra vermag zu einem „magischen" Wort, zu einem Zauberwort zu werden und uns den ganzen Tag zu erfüllen.

Nehmen Sie wieder Ihre Meditationshaltung ein.

Wählen Sie aus den folgenden drei Worten eines aus, und machen Sie es zu Ihrem Mantra:

FRIEDEN
LIEBE
EINHEIT

Sie können das Mantra laut sprechen oder singen. Sie können es innerlich vor sich hersagen und dabei die Lippen eventuell leicht bewegen. Oder Sie können es nur denken. Am Anfang sollten Sie sich mit 5 Minuten begnügen. Später kann man dann die Meditation auf 20 Minuten ausdehnen. Nach einiger Übung sollte die Mantra-Meditation im völligen Stillschweigen vollzogen werden. Bei der Mantra-Meditation dürfen die Augen auch halb geöffnet bleiben. Finden Sie heraus, wie es Ihnen am besten zusagt.

3. Meditation mit dem Atem

Atem-Meditationen sind einfache und dennoch sehr wirksame Meditationen. Wir können sie überall ohne Hilfsmittel durchführen, denn wir haben den Atem ja immer „bei uns". In allen Kulturen dient der Atem als Meditations-„Vehikel". Nehmen Sie Ihre Sitzhaltung ein. Wenn Sie ausatmen, spüren Sie, wie der Atem innen an der Nasenwand nach außen entweicht. Spüren Sie beim Einatmen, wie der Atem innen an der Nasenschleimhaut entlangstreicht. Beobachten Sie nur den Atemstrom in der Nase. Wenn Ihnen das für einige Zeit gelingt, richten Sie Ihre Aufmerksamkeit auf den Punkt an der Nasenwurzel, zwischen Ihren beiden Augenbrauen. Hier ist der Sitz des sogenannten „Dritten Auges", auch das 6. Chakra befindet sich hier. Lassen Sie Ihre Aufmerksamkeit für einige Minuten auf diese Stelle gerichtet, während Sie weiterhin durch die Nase ein- und ausatmen. Kehren Sie dann nach einigen tiefen Atemzügen in den Alltag zurück.

Allein diese drei Meditationen haben eine anhaltende, wohltuende Wirkung. Meditieren können Sie in ähnlicher Weise über einem Bild oder einem Musikstück. Auch der Alltag bietet zahlreiche Möglichkeiten. Jede Blume, jeder Baum, jeder Stein eignet sich als Meditationsobjekt. Und auch ein Sonnenaufgang ist ideal für eine Meditation.

Die Wirkungen der Meditation

Nehmen Sie sich nach der Meditation wenn möglich noch einige Momente Zeit. Lassen Sie das Erfahrene ausklingen und weiterschwingen. Wenn Sie sich nach der Meditation zu einer bestimmten Tätigkeit inspiriert fühlen, so gehen Sie ihr nach. Meditation und Aktion gehören durchaus zusammen. Meditation schließt Tätigkeit nicht aus. Nicht ohne Grund nimmt man die körperliche Arbeit in Zen-Klöstern so wichtig.

Die Wirkungen der Meditation werden schon bald zu spüren sein: mehr **Gelassenheit,** bessere **Gesundheit** und vor allem ein stetiges, anfangs unmerkliches inneres **Wachstum.** Durch das Anwachsen des Ur-Vertrauens wird das Leben mit all seinen Herausforderungen (= Wachstumschancen) leichter. Auch Gefühle wie Angst oder Kummer, Eifersucht oder Mutlosigkeit lösen sich eher wieder auf.
Lassen Sie sich bei Anfangsschwierigkeiten nicht vorschnell entmutigen. Geben *Sie* nicht (wie so viele) wieder auf.

Meditieren zu lernen braucht Geduld und Zeit

Niemand hat heute Zeit. Nehmen Sie sie sich! Man lernt eine Kunst nicht von einem Tag auf den anderen. Mit dem Meditieren ist es wie mit dem Drachensteigen. Erst muß man mit dem Drachen eine Weile rennen, bis er hochfliegt. Dann braucht man ihn nur noch zu halten.
Wir müssen erst einmal hineinkommen in die Meditation. Danach läuft sie von selbst weiter, und wir haben nichts weiter zu tun, als den Zustand zu halten.
Erzählen Sie nicht jedem, daß Sie von heute an meditieren. Die Zeit arbeitet eindeutig für Sie, doch noch ist nicht jeder dafür bereit. *Tun* Sie es einfach, und lassen Sie die Resultate, Ihre Art zu leben zum Beispiel, für sich sprechen. Vormachen ist immer am besten. Manchmal kann es auch sinnvoll sein, seinen menschlichen Umgang zu überdenken. Mit Gleichgesinnten fällt Meditation noch leichter.
Meditation hat übrigens nichts mit Religion zu tun. Meditation läßt sich mit jedem Glauben vereinen. Und auch wer ohne Glauben ist, wird seinen Nutzen daraus ziehen. *Medi*-tation ist keine Religion, sondern ein Heilmittel, *das Medi*kament für jeden überhaupt – und dies ohne Rezept und Krankenschein.
In welcher Weise wir meditieren, ist letztlich nicht entscheidend. Früher oder später führen alle Wege zum Ziel.

Nicht die Methode, der meditierende Mensch ist wichtig. Was Meditation wirklich ist, kann man nur an sich selbst erfahren

Meditation lernt man nicht durch Lesen. Alles Wissen und Lernen ist, verglichen mit der eigenen Erfahrung, wie ein Tropfen Wasser, der ins Meer fällt. Wie überall im Leben kommt es auf das Tun an. Wenn wir mit dem Tun, der Meditation also, erst einmal angefangen haben, dann merken wir plötzlich: Es gibt „etwas" in uns, fast wie ein Brunnen, durch den wir wieder in die eigene Tiefe

gelangen. Und hatten wir bis dahin den Eindruck, daß unser inneres Leben völlig versandet sei, eine Wüste, wo nichts mehr wächst – nun fängt es wieder an zu grünen.
Wie viele Menschenleben mögen versandet sein? In wie vielen Menschenherzen mag es aussehen wie in einer Wüste, wo nichts mehr wächst?
Stellen Sie sich einmal vor, die Menschen würden beginnen, regelmäßig zu meditieren – nicht nur jeder für sich allein, sondern auch *gemeinsam*. Zuerst in der Familie, dann im ganzen (Miets-)Haus, in der ganzen Straße, dem ganzen Wohnviertel, der ganzen Stadt, im ganzen Land …
Wie viele Menschen sitzen Abend für Abend pünktlich um 20 Uhr vor ihrem Fernseher und sehen die „Tagesschau"? Stellen wir uns einmal vor: Statt 15 Minuten Tagesschau machten all jene Menschen eine 15minütige meditative „Innenschau". Statt äußere, negative Bilder auf dem Fernsehschirm zu betrachten, sehen sie innere Bilder über Frieden, Harmonie und Liebe unter den Menschen. Alle miteinander, allabendlich zur gleichen Zeit. Welch eine positive Energie würde dies erschaffen! Eine „Energiewolke", die das ganze Land wie eine Glocke umschließen würde!
Kinder würden im Kindergarten zusammen meditieren, Schulkinder in der Schule, Studenten auf der Universität, Kranke im Krankenhaus, Berufstätige an ihrem Arbeitsplatz, Abgeordnete im Bundestag und die Vertreter der Länder im UN-Sicherheitsrat – es genügten schon wenige Minuten am Tag. Meditation würde überall zum „Pflichtfach" werden. Welch eine Wandlung würde unsere Welt erfahren? Friede unter den Menschen kehrte ein …
Alles nur Träume, alles nur Schäume?
Wir könnten uns selbst das Paradies auf Erden schaffen. Jeder Schritt zählt. Selbst die kleinste Bemühung kann von großer Wirkung sein.
Meditation verläuft in beiden Richtungen: Was wir ihr geben (an Zeit und Aufwand), erhalten wir vermehrt zurück. Die Ernte ist immer ein Vielfaches von der Saat.
Vor allem jedoch gibt uns die Meditation inneren Halt, und den brauchen wir sehr in dieser haltlosen Zeit.

Positiv denken – positiv leben

Wir wissen nun, daß Gedanken, Worte, innere Bilder und Gefühle nicht ohne Wirkung an uns vorbeihuschen, sondern daß sie zum Teil einen erheblichen Einfluß auf uns und unser Leben ausüben. Deshalb ist es so wichtig, daß wir uns nach und nach zu einem positiv denkenden, fühlenden und handelnden Menschen entwickeln. Denn: Ein Mensch, der positiv denkt und lebt, wird man nicht auf Knopfdruck, auch nicht durch das Lesen eines Buches.

Zu einem positiven Menschen muß man sich schrittweise erziehen, man muß sich selbst dazu *machen*. Die Umwelt und unsere Mitmenschen werden uns bis auf wenige Ausnahmen dabei nicht allzusehr helfen. Wir müssen unseren positiven Werdegang schon selbst in die Hand nehmen – und nie mehr aus der Hand geben. Wenn positives Denken nicht nur ein Lippenbekenntnis sein soll, wenn wir unser Leben damit wirklich auf ein neues Fundament stellen wollen, dann sind wir gefordert, dazu unseren Beitrag zu leisten, nicht nur für einen Tag, sondern ein Leben lang.

Machen wir uns nichts vor: Die Hauptgefahr unserer Zeit ist nicht die jederzeit mögliche nukleare Selbstvernichtung, und es ist auch nicht die Immunschwächekrankheit AIDS. Die wirkliche Gefahr, die mittlerweile epidemieartige Ausmaße angenommen hat, ist das *negative Denken*.

Ein Blick in die Tageszeitung, die Nachrichtensendungen von Radio und Fernsehen liefern uns dafür mehr als genug Beweise. Und dies jeden Tag aufs neue. Wir leiden nicht an einer Schwäche unseres Immunsystems, wir leiden an einer Schwäche unseres Denksystems.

Negatives Denken ist die Seuche unserer Zeit

Dabei bringt diese Art zu denken absolut keine Vorteile. Es ist ein reines Verlustgeschäft. Negatives Denken (ein anderes Wort dafür ist Pessimismus) ist immer „teuer", es beeinträchtigt und zermürbt uns geistig, seelisch und körperlich. Jedes Schwelgen in negativem Denken ist ein kaum wiedergutzumachender Luxus, ein Luxus, der uns vorzeitig das Leben kosten kann. Angenommen, wir müßten für jeden negativen Gedanken eine Mark Strafe („Bußgeld") bezahlen, für jeden ausgesprochenen negativen Satz sogar fünf. Eine *Stunde* Verharren in negativen Gedanken kostete uns 20 Mark, und einen ganzen Tag würde man uns mit 100 DM berechnen. Wie würde es dann auf unserem Konto aussehen?

Warum ist das negative Denken so verbreitet?

Warum benutzen wir die Kraft unseres Verstandes, um uns eine negative Wirklichkeit zu schaffen? Wenn wir mit unserer Vorstellungskraft Gesundheit, Reichtum und Glück ebenso wie Krankheit, Armut und Verzweiflung bewirken können, warum sind wir dann nicht auf Dauer gesund, reich und glücklich? Warum tun wir uns das eigentlich an?

Was würden wir einer guten Fee antworten, die uns die Wahl läßt zwischen Gesundheit, Reichtum und Glück oder Krankheit, Armut und Verzweiflung? Sollte nicht das erste die auf der Hand liegende Entscheidung sein? Warum wählen wir dann so oft das zweite?

Da muß noch etwas anderes sein, irgendwo tief in uns, was uns veranlaßt, negativ zu denken und zu leben.

Vieles scheint dafür zu sprechen, daß es sich bei diesem „Etwas" um ein Gefühl handelt, das tief in uns verwurzelt ist. Ein Gefühl, das wir als „Unwertsein-Gefühl" bezeichnen können. Dieses Gefühl mausert sich mit der Zeit zu einer Lebenshaltung, zu einer Überzeugung. Diese Überzeugung klingt dann so: „Ich bin einfach nicht gut genug." Es ist ein Gefühl der Unsicherheit, wir empfinden so etwas wie Unwürdigkeit, was wiederum ein geringes Selbstwertgefühl zur Folge hat.

Dieses Unwürdigkeitsgefühl scheint die Quelle des negativen Denkens zu sein. Dadurch, daß wir uns unwert, noch schlimmer: unwürdig fühlen, werden alle unsere positiven Absichten, Ideen und Ziele untergraben und alle negativen Gedanken aufgewertet. Wir selbst sind es, die alles verzerren. Bei vielen negativ denkenden Menschen geschieht folgendes: Sobald sie etwas Gutes über sich denken, meldet sich die Unwürdigkeit zu Wort und sagt: „Nein, das bist du nicht." Wenn sie sich etwas Positives für sich selbst wünschen, erklärt die Unwürdigkeit: „Das verdienst du nicht." Ist ihnen etwas Gutes widerfahren, sagt die Unwürdigkeit: „Das ist zu schön, um wahr zu sein" oder „Da hast du bloß Glück gehabt."

Denken aber jene Menschen etwas Schlechtes über sich, stimmt die Unwürdigkeit prompt zu: „Ja, das ist richtig." Sind jene Menschen der Meinung, dies oder jenes nicht haben oder tun zu können, nickt die Unwürdigkeit: „Na endlich bist du vernünftig geworden." Passiert etwas Negatives, meldet sich die Unwürdigkeit: „Siehst du, ich habe recht gehabt. Ich habe es dir doch gleich gesagt. Warum hast du nicht auf micht gehört?"

Wenn wir diese Unwürdigkeit als Tier darstellen würden, was meinen Sie, welches Tier sollten wir dafür nehmen? Nun, gut passen würde der Geier. Stellen Sie sich die Unwürdigkeit als Geier vor, der auf Ihrer Schulter hockt und Ihnen

unablässig ins Ohr plärrt: „Das kannst du nicht", „Dafür bist du nicht geeignet", „Für wen hältst du dich eigentlich?", „Dafür bist du nicht gut genug", „Versuch's erst gar nicht", „Immer mit der Ruhe", „Bilde dir auf das, was du geleistet hast, bloß nichts ein." So geht es weiter, endlos, pausenlos. Der Geier kennt kein Erbarmen. Er ist gnadenlos.
Gibt es einen solchen Geier auf Ihrer Schulter?
Manche Menschen täuschen nach außen hin Selbstsicherheit vor, manchmal bis zur Dreistigkeit, die an Arroganz grenzt – sie spielen ein Verschleierungsspiel. Doch in Wirklichkeit sind sie krampfhaft darum bemüht, vor sich und anderen die Tatsache zu verbergen, daß sie sich absolut unwert fühlen. Sie leiden unter ihrer als wirklich empfundenen Unwürdigkeit. Sie versuchen verzweifelt, den Krieg in sich zu vertuschen. Sie kämpfen gegen den oder die Geier.
Sind wir nun alle Opfer dieser Unwürdigkeit? Werden wir damit geboren?
Das Gefühl der Unwürdigkeit (und damit der Geier) kommt erst, nachdem wir die Wiege verlassen haben. Es wird uns eingeimpft im Verlauf dessen, was man Erziehung nennt. Erwachsene, die in unserer Nähe sind (Eltern, Erzieher, Lehrer), beeinflussen uns durch ihre Worte, ihr Vorbild, den Umgang mit uns. Das tun sie, ohne sich der weitreichenden Folgen bewußt zu sein. Sie wissen es nicht besser. Sie haben selbst ihre Geier auf der Schulter. Daher trifft sie auch keine Schuld ...
Worte wie: „Tu dies nicht, tu das nicht", „Stell dich nicht so dumm an", „Du bist ein böses Kind" ließen den Geier auf unserer Schulter wachsen.
Doch nichts muß von Dauer sein. Alles kann sich ändern. Genauso wie die Kröten verschwinden, wenn eine feuchte Wiese trockengelegt wird, werden die Geier verschwinden, wenn wir ihnen das Wasser, die Aufmerksamkeit entziehen. Denn Geier fühlen sich nur da wohl, wo sie beachtet werden.
Mit dem Wissen, das wir uns über Affirmationen, das Unterbewußtsein und die Meditation angeeignet haben, können wir den Geier entlassen (eventuell auch unter Mitwirkung eines anderen Menschen). Wir können uns einen bunten Papagei auf die Schulter setzen, der uns pausenlos zuruft: *Du kannst es. Du schaffst es.*
Würden wir Menschen uns wertvoll (also voller Wert) fühlen, dann hätten wir in uns ein tiefes Empfinden unserer Würdigkeit, und wir alle hätten bunte Papageien auf unseren Schultern, Papageien, die es gut mit uns meinen – wie anders wäre es dann um das Denken bestellt! Hat ein solcher Mensch Grund, negativ zu denken, mit einer negativen Einstellung durchs Leben zu gehen? Wohl kaum. Denn auf einem gesunden Boden wird auch etwas Gesundes wachsen. Positiv zu denken ist das Gesündeste, das wir uns „antun" können.

EINIGE HILFEN FÜR DAS TÄGLICHE LEBEN

Was nun können wir neben der „mentalen Arbeit" an uns selbst konkret und praktisch tun, um ein positiv denkender und handelnder Mensch zu werden?

1. KONZENTRIEREN SIE SICH AUF DAS POSITIVE

Jeden Augenblick gibt es die vielfältigsten Beweise dafür, daß das Leben sowohl ein Jammertal als auch ein Rosengarten ist. Worauf wir unsere Aufmerksamkeit richten, entscheidet darüber, wie wir unser Leben bewerten. Entscheidend ist immer, worauf wir uns konzentrieren. Stellen Sie sich einen Strauß roter Rosen vor. Bewundern Sie die herrlichen Blüten, die Farbe und den Duft, oder stören Sie sich an den Dornen? Suchen Sie im Leben nicht nach Dornen! Betrachten Sie einmal Ihre Umgebung. Versuchen Sie, nur einmal auf die Vielfalt der Farben zu achten. Machen Sie eine „Bewunderungstour" durch Ihre Wohnung, durch Ihre Stadt, durch die Natur. Tun Sie es, Sie werden sich wundern ...
Machen Sie dann mit sich, mit Ihrem Körper weiter. Wenn Sie nach Dingen suchen, die bei Ihnen körperlich nicht ganz stimmen, dann werden Sie sie auch finden. Jeder, der sucht (bei sich und bei anderen), wird auch finden. Nur – wie fühlen Sie sich, wenn Sie „es" oder etwas gefunden haben? Werfen Sie nun einmal einen Blick auf das, was an Ihrem Körper in Ordnung ist. Es wird mit dem Finden gar kein Ende mehr nehmen.

◆ GUTES GIBT ES ÜBERALL, IN JEDEM AUGENBLICK ◆

Aber auch in der Vergangenheit gab es Gutes. Konzentrieren Sie sich auf diese *guten* Erinnerungen. Und konzentrieren Sie sich im anderen Fall auf die *erfreulichen* Pläne für die Zukunft. Seien Sie kein „Negaholiker" (so lautet das neueste Modewort für einen negativ denkenden Menschen).

2. ENTSCHEIDEN SIE SICH JETZT (FÜR DAS LEBEN)

Jeder muß irgendwann einmal die große Entscheidung treffen: „Will ich leben oder nicht leben?"
Wer sich für das letztere entscheidet, ist schon dabei zu sterben.
„Sein oder Nichtsein?" – so lautet die Frage. Stellen Sie sich vor, Sie hätten die Wahl und müßten diese Entscheidung *jetzt* treffen.

Die Entscheidung zu leben oder zu sterben treffen wir im Grunde genommen ständig. Immer, wenn wir negativ denken oder etwas Negatives tun, haben wir uns für das Sterben entschieden.
Lassen Sie jede Stunde einmal Ihren Wecker klingeln oder schauen Sie auf Ihre Uhr. Halten Sie, wenn eine Stunde vorüber ist, kurz inne, egal, was Sie gerade tun, und erforschen Sie ganz aufrichtig, wo Sie sind und was Sie geistig, gefühlsmäßig und körperlich getan haben, seit der Wecker das letzte Mal geklingelt hat. War es lebensbestätigend? War es erfreulich? War es positiv? Wenn nicht, nehmen Sie Kurskorrekturen vor. Bei einem Flugzeug geschieht das ständig.
Ärgen Sie sich nicht. Ändern Sie wenn möglich die Situation. Denken Sie vor allem nicht negativ über die eigene Negativität, falls Sie sich dabei ertappen. Tappen Sie nicht in diese Falle.
Tun Sie etwas Konstruktives (statt Destruktives). Bewegen Sie sich vorwärts. Stärken Sie Ihren Willen. Der Wille, etwas zu tun, schafft die Fähigkeit, es dann auch wirklich zu tun!

3. Leben Sie Ihr Leben jetzt

Die meisten Menschen verschieben ihr Leben auf Zeiten, in denen es ihnen „besser" geht. Sie sagen:
„Das mache ich später."
„Das mache ich, wenn ich mehr Zeit (mehr Geld) habe."
„Das mache ich, wenn ..."

Fragen Sie sich einmal, was Sie im Leben alles schon auf später verschoben haben.
Was haben Sie davon wirklich erledigt, als es *später* war?
Ob wir wollen oder nicht: Es wird immer später. Wir haben alle einen Hang zu Verzögerungstaktiken. Wir schieben gerne Aktivitäten auf, vor allem, wenn es sich um unangenehme handelt.
Wenn Sie Aktivitäten oder Änderungen aufschieben, die eigentlich in Angriff genommen werden müßten, dann wird sich nichts ändern.

Fangen Sie endlich an, die Dinge zu tun, die Sie schon immer tun wollten

Sie müssen nicht gleich großartige Pläne in die Tat umsetzen. Beginnen Sie mit kleinen Schritten.

Kennen sie den Unterschied zwischen einem Grund und einem Resultat? Einen Grund schiebt man vor als Erklärung, warum man etwas, was man eigentlich tun wollte, doch nicht getan hat. Ein Resultat ist das, was dabei herauskommt, wenn man etwas, was man tun wollte, auch wirklich getan hat.
Gründe, Erklärungen oder Argumente gibt es immer und überall. Edison hätte viele Gründe aufführen können, um spätestens nach dem hundertsten Fehlversuch mit der Entwicklung des Glühfadens aufzuhören. Er hat aber keine Gründe gesucht, er wollte Resultate sehen. Es sollen 10 000 Versuche gewesen sein, bis schließlich der Kohleglühfaden entwickelt war.
Fragen Sie sich: „Will ich mich in meinem Leben für Gründe oder für Resultate entscheiden?"
Tatsache ist: Gründe fallen einem mühelos zu, Resultate muß man sich erarbeiten.

4. Werden Sie ein „Traumerfüller"

Positiv denkende Menschen (= Optimisten) gelten oft als unverbesserliche Träumer. Aber was ist denn schlecht daran, wenn wir von dem träumen, was wir uns in unserem Innersten wünschen?
Optimist zu sein bedeutet noch lange nicht, Traumtänzer zu sein. Und ein Spieler ist der Optimist schon gar nicht. Ein Spieler rechnet immer mit einer Minimalchance, einmal den großen Treffer zu landen. Der Optimist rechnet sich die Chancen nüchtern aus, und wenn er Chancen sieht, plant er entsprechend und bringt die begonnene Sache zu einem guten Ende. Der Spieler verliert fast alles. Der Optimist gewinnt fast immer, selbst wenn er bei seinen Bemühungen einmal verliert.

Positiv denkende Menschen glauben daran, dass ihnen vieles gelingt, woran andere scheitern

Welchen Traum möchten Sie als nächstes oder welchen Wunsch möchten Sie als erstes verwirklichen?
Welchen Traum wollten Sie sich schon längst erfüllen?
Machen Sie den Traum zum Plan. Verschaffen Sie sich das nötige Wissen. Ein Haus baut man ja auch nicht aufs Geratewohl.
Denken Sie daran: Bei jedem Traum, den Sie verwirklichen, geht es immer auch um ein Stück Selbstverwirklichung. Wer gar nichts anpackt, bleibt auch in seiner persönlichen Entwicklung stehen.

5. Freuen Sie sich über Ihren Erfolg

Jeder verwirklichte Traum, also jeder Erfolg wirkt wie eine Vitaminspritze für Ihr Selbstvertrauen und Ihre positive Lebenseinstellung. Mehr Selbstvertrauen und Optimismus ermutigen ihrerseits und fördern zukünftigen weiteren Erfolg. Eine Erfolgsspirale setzt sich in Gang. Freuen Sie sich darüber. Stehen Sie zu Ihrem Erfolg. Verstecken Sie ihn und sich nicht. Gehen Sie mit aufrechtem Gang durchs Leben. Ein aufrechter Körper wirkt sich auf Ihre positive Lebenseinstellung verstärkend aus. Das kann jeder selbst an sich überprüfen. Ein gerader Rücken richtet auch innerlich auf. Drücken Sie Ihre zuversichtliche Lebenseinstellung auch durch Ihr Gesicht aus, das heißt: Lächeln Sie!

◆ Stellen Sie Ihr Licht nicht unter den Scheffel ◆

Erfolg zu haben hat nichts mit Egotrip oder Egozentrik zu tun. Jeder sehnt sich in seinem Herzen nach Erfolg, vor allem der, der es nicht zugeben will oder kann. Nur die Erfolglosen, die es selbst nie versucht oder aber nicht geschafft haben, versuchen, Ihnen den Erfolg und die Freude daran zu verderben. Setzen Sie sich, ohne sich dadurch beirren zu lassen, darüber hinweg. Sich über das Erreichte zu freuen ist etwas sehr Gesundheitsförderndes. Es gibt mehr Gesunde unter den Erfolgreichen als unter den Nicht-Erfolgreichen. Deshalb: Lieber gesund und erfolgreich als krank und erfolglos. Optimismus und Erfolg sind die Voraussetzungen zum selbstgeschaffenen Glück.

Manche Leute haben Probleme mit dem Begriff „Positives Denken". Sie meinen, wer positiv denkt, sieht die Welt nicht so, wie sie „wirklich" ist. Positives Denken ist ihnen verdächtig, weltfremd, eben unrealistisch. Diese Menschen, die Realisten, greifen eine Denkweise an, die sie selbst noch gar nicht begriffen, geschweige denn ausprobiert haben. Tatsächlich sieht es ganz anders aus:
Der positiv denkende Mensch, der **Optimist**

◆ läßt den defekten Wasserhahn nicht wochenlang tropfen, in der Hoffnung, es werde schon irgendwann wieder aufhören;

◆ mißachtet die Symptome seines Körpers nicht, sondern läßt sie bei Beschwerden gewissenhaft abklären. Er geht ihnen auf den Grund, ohne sich gleich verrückt zu machen. Er vertraut jedoch stets auf die ihm innewohnenden Selbstheilungskräfte und auf den guten Ausgang jeder Entwicklung;

◆ ist nicht gerade hocherfreut, wenn er bei einer geschäftlichen Unternehmung Geld verliert. Auch ihn schmerzt der Verlust, doch er läßt den Kopf nicht hängen. Er fragt sich, was er falsch gemacht hat und wie er es in Zukunft besser machen kann. Er läßt sich von Mißerfolgen nicht lebenslang entmutigen, sondern wagt einen neuen Versuch (unter geänderten Bedingungen oder auf einem anderen Gebiet). Einmal Mißerfolg bedeutet für ihn nicht: immer Mißerfolg;

◆ läßt nicht das aufleuchtende Öllämpchen unbeachtet, er tauscht es auch nicht gegen ein neues Lämpchen aus, sondern er fährt mit seinem Auto zur nächsten Tankstelle oder in die Werkstatt;

◆ benutzt den Optimismus nicht als „Ausstiegsdroge", um in eine Scheinwelt einzusteigen. Er hat längst erfahren, daß Optimismus eine ausgesprochen praktische Lebensphilosophie für den Alltag ist.

Der Optimist ist keiner, der mit der rosagetönten Brille durch die Gegend läuft. Auch für ihn ist Krieg Krieg, wobei er jedoch nicht übersieht, daß auch Not manchmal etwas Gutes haben kann. Er jammert weniger, versucht dafür zu helfen, wo er helfen kann. Der Optimist weiß, daß die Sonne scheint, auch wenn der Himmel wolkenverhangen ist. Er ist erfüllt von einer tiefen Zuversicht, Mögliches und Machbares zu erreichen. Er läßt nicht zu, daß seine Seele durch negatives Denken vergiftet wird. Für ihn sind Probleme Herausforderungen, seine ungenutzten Energien zu aktivieren. Er ist weder leichtgläubig, noch läßt er es zu, daß übermäßiges Sich-sorgen sein Gemüt überschattet. Er weiß, daß es kein Gesetz gibt, das uns vorschreibt, daß wir uns über jedes und alles Sorgen machen müssen. Ihm ist klar: Ständiges Sich-Sorgen-Machen wirkt wie ein geistig-seelischer Aderlaß. Der Optimist weiß, daß kein Karma endgültig ist und daß er sein Schicksal selbst beeinflussen kann.
Für den positiv denkenden Menschen ist „Positives Denken" keine leere Floskel, sondern eine Überlebensstrategie, die er täglich pflegen und hegen muß.

WIE HEGT UND PFLEGT MAN SEINE POSITIVE LEBENSEINSTELLUNG?

Wie kann man sich davor bewahren, in alte, negative Gewohnheiten abzurutschen?
Schauen wir uns dazu einmal eine Amöbe an:
Eine Amöbe ist ein einzelliges, mikroskopisch kleines Tierchen. Sie ist grau, verändert ständig ihre Größe und Gestalt und wird als niedrigste Form des Lebens bezeichnet. Ungefähr einmal pro Stunde teilt sich die Amöbe in zwei Hälften. Daraus können wir etwas sehr Bedeutendes ableiten:

Die beste Methode zur Bewahrung einer positiven Einstellung besteht darin, sie mit anderen zu teilen und sie so immer wieder neu zu beleben

Machen Sie einmal folgendes:
Kaufen Sie sich ein einfaches Metermaß, wie man es zum Messen der Taille verwendet. Diese Bänder sind meist 150 cm lang und kosten nicht viel. Breiten Sie dieses Maßband vor sich auf dem Fußboden aus. Jeder Zentimeter soll jetzt ein Lebensjahr darstellen. Was meinen Sie, wie alt werden Sie oder wollen Sie werden? Nehmen wir an, Sie entscheiden sich für das Alter 92, dann schneiden Sie nun mit einer Schere das Stück rechts von der 92 ab. Gehen Sie dann zum Anfang des Metermaßes. Wie alt sind Sie? Nehmen wir an 42 Jahre. Sie ahnen schon, wie es weitergeht? Schneiden Sie alles bis zur 42 ab, denn diese Zeit ist bereits gelebt – also vorüber. Jetzt haben Sie das Leben, Ihr Leben, vor sich liegen (symbolisch als Maßband), genau 50 Jahre (50 cm). Genau 50 Jahre bleiben Ihnen noch (Achtung: Dies ist nur ein Modell zur Veranschaulichung, wir sollten uns natürlich nicht tatsächlich auf ein Endalter festlegen. Sie wissen ja: Gedanken sind Kräfte. Der Körper hört mit ...). Doch kehren wir zurück zu den angenommenen verbleibenden 50 Jahren: Wie wollen Sie, daß diese Zeit verläuft? Was alles soll noch geschehen in dieser Zeit?
Sind Sie nicht auch der Meinung, daß Ihnen eine positive Lebenseinstellung diese Zeit leichter und angenehmer machen kann?

Fangen Sie heute noch an! Ihre Zeit läuft.
Die Affirmationen und Lebensweisheiten auf den Karten werden Ihnen bei der Umsetzung eine wertvolle Hilfe sein.

Erläuterungen zum Umgang mit den Affirmationen der 90 Karten

Ein richtiger Gedanke kann eine große Hilfe sein, sich schon am Morgen positiv auf den neuen Tag einzustimmen. Die auf den beiliegenden 90 Karten zusammengestellten Affirmationen (Bejahungen) sowie die dem täglichen Leben entnommenen Regeln und Weisheiten lenken Ihre Aufmerksamkeit jeweils auf *einen* Gedanken. Lesen Sie sich den Text ruhig und langsam dreimal halblaut vor. Lassen Sie den Inhalt auf sich wirken. Machen Sie aus dem Ablauf ein kleines Ritual. Sie wissen ja, Ihr Unterbewußtsein mag so etwas. Das Ganze dauert nur wenige Minuten.

Haben Sie die Tages-Affirmation durch mehrmaliges Lesen verinnerlicht, sollten Sie sie tagsüber bei sich tragen beziehungsweise in der Nähe aufbewahren, so daß Sie hin und wieder einen Blick darauf werfen können. Denn auf die Wiederholung kommt es an. Indem Sie sich immer wieder einmal den Text anschauen, prägt sich der Sinn mühelos ein. Wenn Sie dabei die Karte in die Hand nehmen, verstärkt sich die Wirkung. Auf diese Weise können Sie nachhaltige Veränderungen erfahren. Dabei wird jeder Gedanke, je nach Ihrer Affinität zu ihm, ganz Unterschiedliches in Ihnen bewirken. Manchmal, wenn er genau paßt, kann er geradezu zur rettenden oder zündenden Idee werden.

Was auch immer der Inhalt einer Karte in Ihnen auszulösen vermag, ob er Ihnen Mut macht, Ihr Selbstvertrauen stärkt oder Sie einfach nur zum Nachdenken anregt, in der einen oder anderen Hinsicht wird er für Sie von bleibendem Nutzen sein.

Beginnen Sie einfach mit der ersten Karte und gehen Sie dann der Reihe nach bis zur letzten Karte durch. Später, nachdem Sie einen Durchgang „erfolgreich" beendet haben, kann es auch sehr aufschlußreich sein, wenn Sie sich morgens einfach aus allen Karten *eine* herausgreifen und sich mit dieser dann im Laufe des Tages beschäftigen. Vielleicht enthält diese Karte genau die Botschaft, die Sie an diesem Tag am nötigsten brauchen.

Lassen Sie sich doch einfach führen, und vertrauen Sie ganz der Weisheit Ihres Unterbewußtseins. Ihr Unterbewußtsein kann Ihnen oft viel besser zeigen, was gut für Sie ist.

Der tägliche Umgang mit den Karten wird Ihnen schon bald zur liebgewonnenen Gewohnheit werden. Sie werden überrascht sein, was wenige Worte – gedruckt auf kleinen Karten – für eine erstaunliche Wirkung haben. Falsch machen können Sie bei all dem nichts. Den einzigen wirklichen Fehler, den Sie begehen können, ist der, jetzt nicht (endlich) anzufangen. Deshalb: Gehen Sie in die Startlöcher, überwinden Sie das Trägheitsgesetz. Ein Auto, das man erst einmal angeschoben hat, rollt fast von alleine weiter. Es bedarf nur noch wenig Kraft, um es in Gang zu halten. So wird es auch Ihnen ergehen. Sind Sie erst einmal dabei, geht alles wie von selbst …

„Aller Anfang ist schwer", so sagt „man". Wir als frischgebackene Positiv-Denker nehmen hier gleich eine bedeutungsvolle Änderung vor. Für uns lautet der Satz: „Aller Anfang ist leicht!"

Deshalb: Fangen Sie nun an.

Folgen Sie den 90 Karten unter dem Motto:

Mit einem positiven
Gedanken an jedem Tag
positiv durch ein Vierteljahr!

Register

UNSER TIP

(**1517**-8) Von Dr. V. Friebel, ca. 112 S., durchg. zweifarbig, mit Audiokassette, kart.,
DM 39.90, öS 299.–, sFr 39.90

(**1427**-9) Von L. U. Schoefer, 96 Seiten, 140 Farbf., 15 Zeichn., mit Audiokassette, kart.,
DM 39.90, öS 328.–, sFr 39.90

(**1471**-6) Von K. Schutt, 80 Seiten, mit Audiokassette, kart.,
DM 39.90, öS 328.–, sFr 39.90

(**0541**-5) Von R. Faller, 118 Seiten, 3 Zeichnungen, kart.,
DM 9.80, öS 79.–, sFr 9.90

(**1278**-0) Von Dr. P. Kruse, B. Pavlekovic, K. Haak, 118 S., durch. zweifarbig, kart.,
DM 24.80, öS 198.–, sFr 24.90

(**6132**-3) 2 Videos VHS, jeweils ca. 60 Min., in Farbe,
DM 98.–, öS 880.–, sFr 98.–

(**0321**-8) Von U. Thomsen, 112 Seiten, 50 s/w-Fotos, kart.,
DM 9.80, öS 79.–, sFr 9.90

(**0394**-3) Von A. Raab, 112 Seiten, 215 Abbildungen, kart.,
DM 9.80, öS 79.–, sFr 9.90

(**6171**-4) VHS, 3 Videos mit jeweils ca. 60 Min., in Farbe,
DM 98.–, öS 880.–, sFr 98.–

FALKEN

Der Spezialist für nützliche Bücher

Stand der Preise 1.1.1995 · Preisänderungen vorbehalten